Fünfzig Jahre Einsamkeit: Vieles auf Kuba erinnert an die Romane von Gabriel García Márquez – etwa jene zeitlose Stimmung, die Fotograf Sven Creutzmann in Santiago de Cuba eingefangen hat

Liebe Leserin, lieber Leser,

EIN HALBES JAHRHUNDERT wurde die Revolution am 1. Januar alt. Zum Jubiläum schickte der Mann, der sie angetrieben hat, nur einen kurzen Gruß. „Wenige Stunden vor dem 50. Jahrestag des Triumphes beglückwünsche ich unser heroisches Volk", ließ Fidel Castro übermitteln. Die Botschaft war so dünn, wie der einstige Comandante en Jefe selbst geworden ist, seit er sich im August 2006, schwer erkrankt, verabschieden musste.

Am Beginn der Castro-Herrschaft, jenem denkwürdigen 1. Januar 1959, waren acht von heute rund elf Millionen Kubanern noch nicht geboren, und für viele von ihnen hat das stolze Wort „Revolución" längst mehrere Bedeutungen. Es steht für Selbstbewusstsein, Frust, für Aufbau und Niedergang. Für Hoffnung auf Veränderung; und die Angst davor. Zwar sind es Kubaner gewohnt zu warten – neben Baseball und Boxen ist das ihr Nationalsport. Aber selbst auf dem letzten Eiland des Kommunismus hat sich Ungeduld breitgemacht: Der Wandel wird kommen, wenn auch niemand voraussagen kann, wie bald und in welcher Form.

Ein Grund mehr, die Insel gerade jetzt noch einmal zu erleben; ihr ein GEO Special zu widmen. Es heißt, man brauche zwei Wochen, um Kuba zu erkunden, Monate, um es kennenzulernen, und um es zu verstehen, ein Leben lang. Auf den folgenden Seiten möchten wir Ihnen zu einem beschleunigten und dennoch tiefen Zugang verhelfen – damit dann vor Ort mehr Zeit für das bleibt, was auf Kuba eine noch weit längere Geschichte hat als die Revolution: Lebensfreude.

Herzlich Ihre

MEIKE KIRSCH

▸ REDAKTEUR DIESER AUSGABE

Jürgen Schaefer, 43, ist Kubaner im Herzen. Dass er vier Jahre auf der Insel gelebt hat, öffnete ihm viele Türen – auch in der Reguetón-Szene

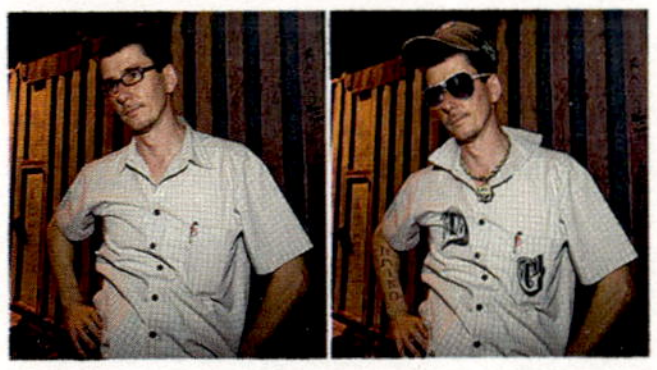

Online-Special zu diesem Heft: www.geo-special.de/kuba

62

ZU GAST BEI FREUNDEN: Privatunterkünfte, liebevoll eingerichtet, bieten kubanisches Lebensgefühl aus zwei Jahrhunderten

14

DIE PURE LUST AM LEBEN: Wer sich auf seiner Reise durchs Hinterland vom Zufall leiten lässt, lernt Kuba in seiner ganzen Schönheit kennen

76

SCHLAGKRÄFTIG: Die Boxer des Landes gehören zur Weltspitze. Warum eigentlich?

82

URWÄLDER WIE ZU KOLUMBUS' ZEITEN: Nirgendwo in der Karibik gibt es mehr geschützte Natur als auf Kuba

42

EIN HOCH AUF HAVANNA: In der Hauptstadt finden Menschen ganz oben Fluchtpunkt und Traumgefilde

THEMEN

RUBRIKEN

36

SCHATTENWIRTSCHAFT: Der Kapitalismus gedeiht, doch nur im Verborgenen

58

ZUCKER: Das »weiße Gold« hat viel Leid nach Kuba gebracht – aber auch den Fortschritt

dossier

service

TITEL: GIANCARLO CERAUDO, PLAYA SANTA MARÍA DEL MAR

REDAKTIONSSCHLUSS: 15. JANUAR 2009

HELDENDÄMMERUNG

Seit Jahren verharrt Kuba in einer bleiernen Zwischenzeit. Nun ist die Ära Fidel Castro zu Ende. Und die Menschen auf der Insel wagen es, von einem Neuanfang zu träumen

ABENDS LIEGT DER MALECÓN am eindrucksvollsten da. Nach und nach füllt sich die Seepromenade der Hauptstadt mit Menschen. Der Besucher setzt sich auf die Ufermauer und staunt, genießt. Hinter sich die in Zeitlupe zerfallenden Fassaden, vor sich das Meer. Unmöglich, sich dieser Stimmung zu entziehen: Kuba verführt. Und verwirrt die Sinne, weil es schön und zugleich ärmlich ist. Weil es stillzustehen scheint und dennoch voller Leben steckt. Unvergleichlich an dieser Insel sind die Menschen: neugierig, offen und herzlich. Verspielt, theatralisch und leidenschaftlich. Viele verzweifeln an ihrem Land, doch in der Ferne vergehen sie vor Sehnsucht. Geduldig haben sie jahrelang bleierne Erstarrung ertragen; doch jetzt hoffen sie auf einen Aufbruch. Kuba im Licht dieser neuen Hoffnung zu erleben, lohnt auch die weiteste Anreise. Und sei es nur für einen Abend in Havanna.

FUNDSTÜCK

DIE GUAYABERA

ELEGANT UND MAKELLOS WEISS; reich dekoriert, doch dabei nicht rüschig – was kann schöner sein als dieses Leinenhemd? Eine der Legenden, die in Kuba darüber erzählt werden! Demnach soll ein Adliger aus der Provinzstadt Sancti Spíritus das Hemd vor etwa 300 Jahren erfunden haben, um seine Auserwählte zu beglücken. Die Frau liebte *guayabas*, süßsaure Guavenfrüchte, weshalb ihr der Galan stets welche mitbrachte. Um ausreichend Platz für das begehrte Obst und dennoch die Hände frei zu haben, ließ er sich auf sein weißes Hemd vier große Taschen nähen. Die Guayabera war bevorzugte Tracht der höherstehenden *criollos*, gebürtiger Kubaner, die sich von den spanischen Kolonialherren abheben wollten. Heute gilt sie als Inbegriff Kubas, etwa so sehr wie „Guantanamera", die heimliche Hymne des Landes. Sänger Joseíto Fernández, den dieses Lied berühmt machte, soll mehr als hundert Guayaberas besessen haben. Aber: Trotz dieser eindeutigen Beweislage blieb Streit nicht aus. Neuerdings geben sich auch Mexiko, die Philippinen und Indonesien als Ursprungsländer des Oberhemdes aus. Kuba hält mit alten Gemälden dagegen, auf denen Porträtierte – natürlich – in Guayaberas posieren. Überhaupt das Ausland: Dort trägt man die Hemden in die Hose gesteckt. Es soll sie ohne steife Kragen geben. Sogar bunt sollen sie sein. Eine original Guayabera aber ist weiß wie die Unschuld eines schönen Mädchens. Basta!

Handgeschneiderte Guayaberas ab 30 €. Etwa bei »El Quitirín« in Havanna, Obispo, Ecke San Ignacio, Tel. 0053-7/862 08 10

7 GRÜNDE FÜR KUBA

WARUM SIE UNBEDINGT BALD REISEN SOLLTEN

GRUND 1

... der Kubaner wegen. Die sind selbstbewusst, witzig, gebildet, gut aussehend und gastfreundlich: Wer sich einmal auf Kuba und seine Menschen eingelassen hat, wird sich mit der Abreise schwertun.

GRUND 2

... um der optischen Umweltverschmutzung zu entfliehen. Sie ärgern sich, dass sich die Städte dieser Welt immer ähnlicher werden – und Sie nirgends Starbucks entfliehen können? Kuba ist weitgehend frei von kommerzieller Werbung. Eine Erholung – auch fürs Auge.

GRUND 3

... um endlich mitreden zu können. Alle Welt spricht von Castros Kuba, der Revolution und ihrer Zukunft. Aber mal ehrlich: Wer noch nie da war, hat nur Retortenwissen. Machen Sie sich ein eigenes Bild!

GRUND 4

... um Kultur auf internationalem Niveau zu erleben. In Havanna beispielsweise beim International Jazz Festival (12. bis 15. Februar 2009) oder der 10. Biennale (27. bis 30. April 2009).

GRUND 5

... um feiern zu lernen. Die Formel „Rum + Musik = Fiesta" funktioniert überall in Kuba, in Havanna am besten wochenends am Malecón.

GRUND 6

... um sich der Winterdepression zu entziehen. Zwar sind die Jahreszeiten auf der Insel weniger ausgeprägt als in Mitteleuropa – aber wenn Deutschland womöglich noch unter einer geschlossenen Schneedecke liegt, lässt sich die karibische Sonne im März, zur besten Reisezeit, bereits intensiv genießen.

GRUND 7

... um sich im Oldtimer-Cabriolet chauffieren zu lassen. Zu Hause würden Sie das nie tun: Offenes Auto, offenes Hemd, und die Haare wehen im Wind. Aber in Havanna können Sie für den Preis eines Regionaltickets der Deutschen Bahn im Stil eines Zuckerbarons dahingleiten.

Vom beruhigenden Naturschauspiel im Regenwald zum berauschenden Nervenkitzel nach Bonito.
In Brasilien – einem sensationellen Land.
Fast 275 Meter im freien Fall. Und doch unglaublich beruhigend. Die Iguazú-Wasserfälle zeigen die pure Schönheit von Brasiliens Süden in überwältigender Art und Weise. Nur ein kleines bisschen weiter, im mittleren Westen, in der Stadt Bonito locken Adrenalin und Abenteuer. Mit seiner reichhaltigen Natur und Tierwelt bietet Bonito Ökotourismus in Verbindung mit Sport- und Freizeitaktivitäten. Einzigartige Erholung und unvergessliche Momente. Besuchen Sie die Iguazú-Wasserfälle und Bonito. Zwei der vielen sensationellen Orte in Brasilien.
www.braziltour.com
Die Iguazú-Wasserfälle, Paraná
Bonito, Mato Grosso do Sul
BRASIL
Sensationell!

REISEGEPÄCK

DIE FAVORITEN DER GEO-SPECIAL-REDAKTION:
Was Sie für alle Fälle im Koffer haben sollten

1

■ **Taschenwerkzeug: Leatherman „Charge", unter anderem mit Zange, Säge, Schere, 119 €**
Unsereiner mag sein Taschenwerkzeug gerade mal dafür nutzen, Schrauben an seinem Fahrrad festzuziehen – ein kubanischer Automechaniker dagegen funktioniert mithilfe eines Multitools glatt einen russischen Traktor zum American Dreamcar um. Gutes Werkzeug ist auf der Insel schwer zu bekommen. Ein Geschenk, das der Beginn einer wunderbaren Freundschaft sein könnte.

2

■ **Stirnlampe: „Petzl Tikka Plus", vier Leuchtdioden, drei Leuchtstärken, 32 €**
Wenn Hugo Chávez nicht stürzt, packen Sie etwas anderes als diese Lampe ein. Wenn aber … Was Venezuelas linker Staatschef mit einem Spielzeug für Höhlenforscher zu tun hat? Venezuela liefert zum Spottpreis das Erdöl, das kubanische Kraftwerke antreibt. Öl vom Weltmarkt könnte Kuba nie bezahlen. Deshalb gilt: Wenn Chávez stürzt, gehen im Land alle Lichter aus. Und dann werden Sie eine gute Stirnlampe dringend brauchen.

3

■ **Handbuch: Göran Fiedler, „Baseball für Fußballfans", 5,95 €**
Mal ehrlich: Was ist das für eine Sportart, bei der es Ziel ist, den Ball aus dem Feld hinauszuschlagen? Europäern wird der Reiz von Baseball ewig verschlossen bleiben. Doch Kubaner lieben den Sport, und im Gegensatz zu deutschen Fußballarenen geht es in den Stadien der Insel gesittet zu. Wer dabei sein will, sollte wenigstens die Grundregeln kennen – und wissen, dass *jonrón* das kubanische Wort für Home Run ist.

4

■ **Zeitvertreib: Domino „Philippi Dominique" im Lederetui, 37 €**
Die Regeln sind kinderleicht, doch um Domino wirklich zu beherrschen, braucht es Hunderte Spiele. Perfekt! Denn mit ausreichend Trainingsmöglichkeiten (also unvorhergesehenen Wartezeiten) können Sie auf Kuba rechnen. Mit einem Taschendomino zur Hand finden Sie dann nicht nur Muße, sondern auch Freunde. Manche Kubaner verbringen ihr halbes Leben am Domino-Tisch und sehen dabei recht zufrieden aus. Gespielt wird in Havanna übrigens „Doble Seis", das Spiel mit der Doppel-Sechs als höchstem Spielstein.

Drei Fragen an …

▸**JOSÉ BERMUDEZ ROSÉS**

91, Declamador, Gibara, Provinz Holguín

GEO SPECIAL: Was ist ein Declamador?

JOSÉ BERMUDEZ ROSÉS: Jemand, der Gedichte rezitiert. Oft zu festlichen Gelegenheiten, zum Beispiel heute, an Fidel Castros Geburtstag. Aber manchmal sitze ich auch einfach vor meinem Haus, und Nachbarn kommen vorbei und sagen: „Pepe, bitte ein Gedicht!" Ich mache das seit 60 Jahren. Ich liebe Poesie!

GS: Schreiben Sie selbst Gedichte?

JBR: Oh, wenn ich es nur könnte. Aber das Rezitieren ist auch eine Kunst. Ich habe damit sogar einmal einen Preis der Kulturabteilung unserer Provinz gewonnen. Ich war zwar nur Zweiter, aber darüber glücklicher als über den ersten Preis. Denn der war eine Keramikfigur. Mein Preis aber war ein Essen im Hotel. Sehr lecker.

GS: Sie haben eben ein trauriges Gedicht rezitiert – und das zum Geburtstag.

JBR: Es ist von Juan de Dios Peza und heißt „Reír llorando", weinend lachen. Mein Lieblingsgedicht. „Ich nenne die Toten meine Freunde und die Lebenden meine Henker." Ach, herrliche Zeilen. Aber traurig? Ja, das sind sie auch. Na und? So ist gute Poesie eben. Immer noch besser als schon wieder ein Loblied auf den großen Führer anzustimmen. Ich habe das nie gemacht. Obwohl ich die Revolution liebe. Ich besinge lieber meine Frau; jeden Tag trage ich ihr ein Gedicht vor. Sie hat 14 Kinder geboren und allen die Brust gegeben. Wir sind seit 72 Jahren verheiratet. Sie ist meine Muse.

RAUCH UND REKORDE

Kennedy bestellt heimlich Zigarren, während Fidel Castro redet und redet und redet: Ziffern zu Kuba, die Sie überraschen werden

Die República de Cuba besuchen immer mehr Menschen: 2 350 000 waren es 2008, ein Rekord – und 9,3 **PROZENT** mehr als im Vorjahr. Der Staat Kuba ist übrigens keine Insel, sondern ein Archipel von mehr als 4000 **INSELN, SANDBÄNKEN** und **RIFFEN**. Die Hauptinsel, 1233 **KILOMETER** lang, ist die fünfzehntgrößte weltweit.

Ganze 7 **STUNDEN** 10 **MINUTEN** dauerte Fidel Castros längste Rede, gehalten 1986 beim Parteikongress in Havanna. Sie umfasste mehr als 14 000 **WÖRTER** und enthielt 20 **MAL** das Wort *socialista*, das bemerkenswerterweise in der Ansprache seines Nachfolgers Raúl Castro zum 50. Jahrestag der Revolution am 1. Januar 2009 genau 0 **MAL** vorkam.

Während seiner 49 **JAHRE** währenden Amtszeit soll der einstige Máximo Líder 634 **ATTENTATEN** entgangen sein – das behauptet jedenfalls der kubanische Geheimdienst. Die CIA habe demnach versucht, Castro unter anderem mit explodierenden Zigarren und einem vergifteten Taucheranzug zu ermorden. Erwiesen ist, dass US-Präsident John F. Kennedy Anfang Februar 1962 kubanische Zigarren

bestellt hat. Erst als 1200 **PETIT CORONAS** ins Weiße Haus geliefert worden waren, unterschrieb er das Handelsembargo, das seither gilt – und auch die Einfuhr kubanischer Zigarren in die Vereinigten Staaten bis heute unter Strafe stellt. Für Kuba bedeutete es einen Versorgungsstopp, gegen den sich das sozialistische Eiland zur Wehr zu setzen wusste: 110 **LITER MILCH**, viermal so viel wie eine normale Kuh, gab ein „Ubre Blanca" („Weißer Euter") genanntes Tier am 23. Juni 1982 – Weltrekord. Nach seinem Tod 1985 wurde das Vieh ausgestopft und in einem Nachruf gewürdigt.

FIDEL BLEIBT NUMMER 1

Auf Kuba gibt es für alles eine Zahl – sogar für den abgetretenen Jefe

ZWAR IST SIE ILLEGAL, die kubanische Nummernlotterie *bolita* – gespielt wird sie dennoch im ganzen Land. Jeden Tag geht eine *bolitera*, die später auch die Prämien auszahlt, von Haus zu Haus und sammelt Tipps und Wetteinsätze ein. Die Gewinnzahlen werden einfach von Lotterien in Venezuela oder Florida übernommen. Ihre Glücksziffern finden Kubaner oft im Traum – den sie mithilfe der *charada* übersetzen. Eines Buches, das für alles Mögliche konkrete Zahlen benennt: Die Nummer 85 bedeutet Bauchweh, 40 Blut, 88 der „lebende Tote". Nein, damit ist nicht Fidel Castro gemeint – für ihn steht, auch nach dem Abgang, die Nummer 1.

KUBANISCH FÜR HANDWERKER

Flatternde Finger, filmreife Gestik: Kubaner reden mit Händen und Füßen – umso mehr, je leidenschaftlicher sie bei der Sache sind. Wer mitreden will, sollte die wichtigsten Gesten verstehen. Das GEO-Special-Mini-Lexikon für mitteleuropäische Hand-Analphabeten hilft bei der nonverbalen Kommunikation

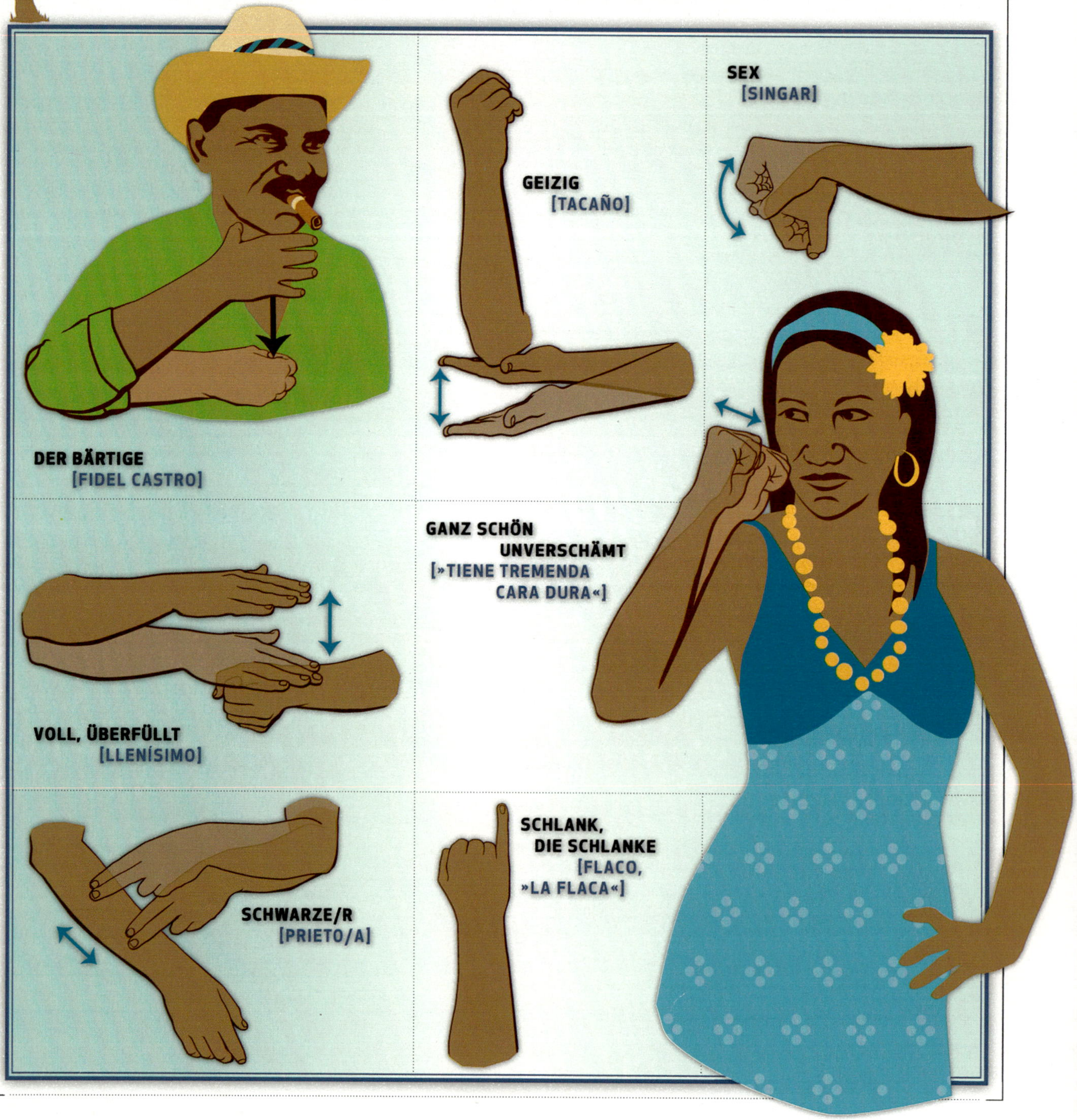

DAS WAHRE KUBA

Gut 1100 Kilometer misst die größte Antilleninsel von West nach Ost. Die meisten Besucher sehen nur einen Ausschnitt davon. GEO-Special-Reporter wollten mehr. Und begaben sich auf eine Entdeckerreise jenseits der Strände

FOTOS ¬ SVEN CREUTZMANN TEXT ¬ ROLAND SCHULZ

▸ HAVANNA AUFBRUCH
Boulevard der Träume: Havannas Malecón zieht Fremde und Einheimische magisch an

▸ **PINAR DEL RÍO**
DER WILDE WESTEN
Zur Abkühlung führt Cowboy Javier »El Norte« Nuñez seine Pferde in einen See

▸ SANTA LUCÍA **DIE KARIBIK**
Luft 30 Grad, Wasser 28 Grad: Für die meisten Grund genug, nach Kuba zu reisen

▸ VIÑALES
AUTHENTISCHE SCHÖNHEIT
Mit ihren Augen könnte Adelaida Nuñez heute noch Misswahlen gewinnen

▸ **TRINIDAD** DER ZEITSPRUNG

Verschlafen, verträumt erscheint das Städtchen. Als hätte jemand die Zeit angehalten

▸ SIERRA MAESTRA **DIE SÜDKÜSTE** **Die einsame Piste nach Marea de Portillo zählt zu den schönsten Küstenstraßen der Karibik. Sie schlängelt sich am Fuß der Sierra Maestra entlang, kaum mehr als eine Oldtimer-Breite vom Meer entfernt**

SIE SASS IM SCHAUKELSTUHL, den Blick in die Berge gerichtet. Es war die Stunde der Mittagssonne, eine Bewegung nur, und die Menschen vergingen in Schweiß. Sie trug ein fadenscheiniges Leibchen, das ihren dürren Armen Luft ließ, dazu ein Kopftuch. Ihre Mundwinkel welkten bereits, auf ihren Händen rankten alte Adern, doch ihre Augen hatten das stechende Blau eines jungen Himmels. Ungeachtet ihres Alters, ging eine ungebändigte Kraft von ihr aus. Sie hörte sich alle Fragen an: warum, wieso, weshalb; wer das erste Mal nach Kuba kommt, fließt über vor Fragen. Wie bringt ihr den Tabak aus, Doña Adelaida? Wie viel verdient ihr mit den Blättern als Bauern in einem sozialistischen Staat? Was ist in Erinnerung geblieben, was denkt ihr über die Zukunft, wie lebt es sich in diesem Land? Sie sprach kein Wort.

Sie saß da und schwieg. Ein nachsichtiges Lächeln auf den Lippen, sah sie der Sonne zu, wie diese unerbittlich alles Leben zum Erliegen brachte. Die Hunde schleppten sich hechelnd unter die Brotfruchtbäume, die Hühner suchten unter den Dielen der Holzhäuser Schatten, von den Feldern ringsum kamen Brüder und Söhne geritten, um ihre Pferde zur Abkühlung in den Fluss zu führen. Dann endlich sprach sie.

„Das sind aber eine Menge Fragen", sagte sie. Ihre Stimme besaß den schartigen Klang eines Menschen, der ein Leben lang geraucht hat. Dann stellte sie ihrerseits eine Frage: „Y cómo viniste?", fragte sie, auf welche Weise bist du gekommen, Fremder, der du so wissbegierig vor meiner Tür stehst? Mit dem Zug, mit dem Flugzeug, mit dem Bus, Doña Adelaida, von Deutschland bis hierher, ins Tal des Tabaks tief im Westen Kubas, wo die Reise beginnen soll: einmal quer durch Kuba.

Sie stemmte sich sofort aus ihrem Schaukelstuhl, im Gesicht ein Grinsen, und rief hinüber zu den anderen: „He, kommt mal her, der Kerl hier will quer durch Kuba fahren!" Dazu lachte sie lauthals. Es hörte sich an wie ein Rasseln. Alle kamen nun gelaufen, Kinder, Eltern, Großeltern, wenn Adelaida Nuñez ruft, verspricht es lustig zu werden. Zeit ihres Lebens hat sie diesen Weiler mit ihren Liedern unterhalten, mit *décimas*, spontan gedichteten Spottgesängen; erst als sie ihre Finger kaum mehr krümmen konnte, gab sie die Gitarre auf. „Deutschland, eh?",

▸ VIÑALES **LANDIDYLL** **Eine Landschaft wie am ersten Schöpfungstag: Die Gegend in der Provinz Pinar del Río gibt dem Besucher das Gefühl, schon einmal hier gewesen zu sein – im Traum oder in einem früheren Leben. Gilberto Nuñez ist auf seiner Finca alt geworden. Seit seiner Jugend hat sich dort nicht viel verändert: Die Hektik jedenfalls wurde hier nicht erfunden**

sagte sie. „Such mir mal einen Mann dort. Aber schön soll er sein! Hässlich bin ich selbst." Sie lachte.

Sie schoben nun Stühle auf die Veranda, reichten in kleinen Bechern Kaffee und brachten Tabak, ledrige Blätter, frisch aus dem Trockenhaus, die Adelaida auf der Lehne ihres Schaukelstuhls zu lockeren Zigarren rollte. Dann erzählten sie. Wie Doña Adelaida jedermann betörte, als sie jung war. Wie der Fluss einmal zur Flut wurde und die Felder fortspülte: Der Tabak war vernichtet, die Yucca, der Mais. Oder wie Miguel sich eines Sonntags in sein Bett legte und starb. So lebte es sich in diesem Tal: „Hier kommen wir zur Welt, hier sterben wir", sagte Adelaida. Es dämmerte schon, als der Abschied kam. Adelaida fragte: „Und wie fahrt ihr?" Mit allem, was geht, Doña Adelaida, irgendwie immer weiter. Das ist der Plan. „Quer durch Kuba", kicherte sie, „Teufel noch mal."

Auf der Straße dann war Stille, kein Auto, kein Motorrad, nichts. Nur die Nacht. Zehn, vielleicht zwölf Kilometer waren es bis Viñales, begleitet allein von aufsässigen Mücken, dem Klang der eigenen Schritte – und von Fragen. Wer viele Fragen an Kuba hat, tut gut daran, selbst auf die Fragen zu hören, die in diesem Land gestellt werden. „Cómo viniste?", wie bist du gekommen? So fangen hier viele Gespräche an – ein Auftakt, der das Reden leicht macht. Wer hier eine Reise unternimmt, weiß nie, wann, wie, womit und ob er überhaupt ankommen wird. Das Reisen gibt genügend Stoff, um jedes Gespräch in Gang zu bringen.

KURZ VOR VIÑALES drang plötzlich ein Dröhnen aus der Dunkelheit. Es klang wie ein Fahrzeug, doch was sich näherte, war ein Fabelwesen: ein röhrendes Ungetüm von Maschine. Ein Mas 500. Ein alter Lastkraftwagen sowjetischer Bauart, groß wie ein Panzer. Der Fahrer stieß die Tür auf und schrie nur ein Wort: „Wohin?" Sein Lastwagen war eine Hörenswürdigkeit. Alles krachte und knatterte, ein Gewitter von Geräuschen, der Motor erstickte jede Menschenstimme. Deshalb gab der Fahrer in Zeichen zu verstehen, er müsse noch ganz kurz … Da kurbelte er schon das Steuerrad herum und lenkte seine Maschine scharf nach links. Er fuhr zu einem Freund. Der arbeitete in einem Mastbetrieb. Der Freund würde heute Nacht vier Säcke Schweinefutter verlieren, und er selbst würde heute Nacht vier Säcke Schweinefutter finden. So geschah es. Zehn Minuten später war er schon wieder auf der Straße und fuhr nach Viñales.

Am Horizont hoben sich die Tafelberge eines Tals dunkel vom Himmel ab, wie Tiere geduckt zum Sprung. Voraus schimmerten die Lichter der Stadt. Viñales lag schlafend, lang gestreckte Straßen, von Kiefern gesäumt, von kargen Lampen beleuchtet. Die Häuser waren klein, einstöckige Bauten aus Lehmziegeln, →

Strände, Städte, Begegnungen: Mehr als 1500 Kilometer legte das GEO-Special-Team auf seiner Reise zurück

▸ SANTA LUCÍA **BITTE UMSTEIGEN** **Wer sich mit Bussen und als Anhalter durch Kuba treiben lässt, braucht Geduld. Immer wieder fällt ein Transportmittel aus, dann heißt es: improvisieren** ▸ CAMAGÜEY **DIE VERWINKELTE ALTSTADT** **In ihren Gassen kann man sich verlaufen – das ist Absicht: Angeblich sollten damit attackierende Piraten verwirrt werden**

doch immer mit einer stattlichen Veranda versehen. Auf zwei oder drei saßen noch Menschen, an Zigaretten saugend, deren Enden im Dunkel der Nacht glommen wie Glühwürmchen.

Am nächsten Morgen ging der Bus in den Osten. Auf seinen Flanken trug er das Symbol einer blauen Autobahn: Viazul. Die Devisen-Linie. Fahrkarten müssen mit Pesos Convertibles bezahlt werden, harter Währung, deshalb nutzen vor allem Ausländer diesen Dienst und Kubaner mit ausländischen Geldquellen. Die Klimaanlage blies klirrend kalte Luft in den Bus. Die Fenster waren wie von feinem Nebel überzogen, das Glas beschlagen. Kuba war nichts als verwaschenes Grün und vorbeihuschende Schatten. Als das Gefährt das Bergland von Viñales hinter sich gelassen hatte, bog es auf die Carretera Central ein, Kubas wichtigste Überlandstraße, die einmal quer über die Insel verläuft. Am Straßenrand standen Dutzende Kubaner, die mit Geldscheinen wedelten, wenn sich ein Fahrzeug näherte. Sie wollten auch ostwärts, per Autostopp.

Weiter im Osten öffnete sich das Land, rechts und links lagen Felder, nur gelegentlich unterbrochen von Betonblöcken, die den Namen der Produktionsgenossenschaften verkündeten, die hier zum Wohl des Sozialismus schafften. Auf einem stand: „Con Cuba no te metas!", leg dich nicht mit Kuba an! Erst hinter der Hafenstadt Cienfuegos erhoben sich wieder Hügel – die Höhen von Trinidad.

Als sich der Bus sorgsam durch die engen Straßen der Stadt schraubte, wirkte diese wie die Kulisse für einen Film. An Kreuzungen waren Kanonen als Straßenbegrenzung in den Boden gerammt, vor den Flügeltüren ehrwürdiger Kolonialhäuser hingen Volieren, Frauen spazierten mit Fächern aus Perlmutt. In einer Seifenkiste jagten Kinder den Gehsteig entlang.

ANISLEIDYS VALDIVIA KAM IN WEISS, wie ein Geist aus einer alten Zeit. Weiß das Ballkleid, weiß die Stola, dazu im Haar eine Seidenblume. Wie eine Prinzessin fuhr sie in die Stadt ein, von der Rückbank eines Cabriolets winkend, ein 1959er Chevrolet Impala, der über das Kopfsteinpflaster Trinidads glitt wie unter Segeln, anmutig und sanft. Am Wegesrand warteten Schaulustige, die ihr Kusshände zuwarfen.

Seit sie ein kleines Mädchen gewesen war, hatte Anisleidys von ihrer *quince* geträumt, dem Tag, an dem sie ihren 15. Geburtstag feiern würde. Quinces sind Tradition in Kuba, besonders in Trinidad. Mütter lassen ihre Töchter dann in Schönheit fotografieren, ein Foto, das ist das Mindeste, aber insgeheim träumt jedes Mädchen von einer Quince, die so prächtig ist wie eine Märchenhochzeit.

Während Anisleidys von einem Kleid ins nächste stieg, um an den schönsten Stellen der Stadt fotografiert zu werden, trank sich ihre Mutter Anadalis Albeláez einem tüchtigen Schwips entgegen. Sie schäumte vor Stolz. „Da fühle ich mich gleich wieder so jung wie bei meiner eigenen Quince", sagte sie. Sie hatte eine Flasche Rum in ihrer Handtasche verstaut, aus der sie eine Runde nach der anderen ausschenkte. Mit jedem Schluck wurde sie melancholischer. „Das da", sagte sie und deutete auf ihre Tochter, die nun in einem blutroten Ballkleid durch die Straßen flanierte, „das ist die Zeit der großen Träumereien. Sie ist in ihren Freund verknallt und glaubt, sie werden immer zusammen sein. Sie trifft täglich ihre besten Freundinnen und glaubt, dass sie auf ewig Freundinnen sein werden. Sie träumt von Karriere, Erfolg, der Zukunft. Aber das Leben ist nicht immer so. Leider." Sie seufzte. „Aber egal!", rief sie, goss Rum ein, drückte ihn dem Fotografen in die Hand. „Mach du mir nur schöne Bilder!" Sie selbst hat wie die meisten kubanischen Frauen das Foto ihrer Quince im Schlafzimmer hängen, ihr liebstes Andenken, eine Erinnerung an die Zeit, als das Leben noch vor ihr lag wie eine Bühne, offen und nur darauf wartend, erobert zu werden.

Hinter Trinidad, an der Straße nach Osten, befahl ein Mann mit Klemmbrett allen Autos, die ein blaues Kennzeichen trugen, anzuhalten. Der Mann war von einer Menschentraube

▸ CAMAGÜEY **SCHWARZE GÖTTER** **Nelson Martinez (rechts) tanzt sich in Trance. Er feiert seinen zweiten Geburtstag – als Santero, Geweihter der afrokubanischen Santería. Deren Gottheiten waren mit den Sklaven aus Afrika nach Kuba gelangt**

umgeben. Er blickte in jedes Auto, sah auf sein Klemmbrett und bedeutete dann Wartenden, ins Auto zu steigen. Ein *punto de transporte alternativo*: Alle Fahrzeuge von Staatsbetrieben mussten hier halten und Reisende aufnehmen. Manche warteten schon Stunden in der Sommersonne, um nach Sancti Spíritus zu gelangen, nach Camagüey oder wenigstens ein paar Kilometer weiter Richtung Osten.

Tal der Zuckermühlen nannten sie die Gegend hinter Trinidad, einst die reichste Zuckerregion Kubas. Das Zuckerrohr stand dicht an der Straße, ein leuchtendes, im Wind wogendes Grün, das der Landschaft ein Licht gab, als würde man sie durch den Boden einer Weinflasche betrachten.

Dann verloren sich die Felder, dürrer wurde es, eine Gegend der Viehzucht. Camagüey kam in Sicht. Die Stadt sah schrecklich aus. Sie schien auszufransen an ihrem Rand, der Blick traf nur Beton. Hochhäuser ragten in den Himmel, nahe der Busstation dann Plattenbauten; es war nicht sicher, ob das Aufbau oder Verfall war. Das war das eine Camagüey. Das andere erstreckte sich nördlich der Carretera Central. Hier, in der Altstadt, war Camagüey wild; ein Gewirr verwinkelter, von Kolonialgebäuden gesäumter Gassen, in denen man sich leicht verirren konnte.

CHÉ GUEVARA WACHTE DOPPELT ÜBER CAMAGÜEY. Die Partei hatte das Konterfei des legendären Guerillaführers zweimal über den Platz der Arbeiter gehängt, übermenschengroß an die Häuser gegenüber der Kathedrale. Auf dass jeder im Zentrum der Stadt wisse, wohin der Weg Kubas führt: immer bis zum Sieg.

Es war Nacht. Rudel stolzer Jugendlicher strolchten über den Platz, auf der Suche nach Erlebnis, und Ausländer waren Erlebnis genug. Die Jungen trugen schwarze T-Shirts mit dem Aufdruck fremder Bands, und nach diesen Bands fragten sie. Metallica? Pink Floyd? Marilyn Manson?

Sie sagten, sie seien *roqueros*, Rocker, und dann reichten sie Flaschen mit milchiger Flüssigkeit, sie nannten sie Wein. Sie kauften sie in den Vierteln jenseits der Bahnlinie, schnell gegärter Fusel, der gut betrunken machte, aber auch Blähungen →

▸ **TRINIDAD** ANMUT IN ROT
Schön wie nie zuvor und niemals wieder: Anisleidys Valdivia feiert sich, ihre Jugend und ihre »Quince« – den 15. Geburtstag

▸ CAMAGÜEY **NOCH EIN HEILIGER** Immer wieder Ché Guevara, der unangreifbare Held ▸ SANTA LUCÍA **ARMES SCHWEIN** Trockenes Holz, viel Zeit: Auf Kuba werden wenige Zutaten für ein Fest benötigt

verursachte, dass die Blumen welkten. Abseits saß ein junger Mann. Er hieß Nelson. Nelson feierte. Er hatte Rum gebracht und genug kubanische Cola, ihn hinabzustürzen. Morgen, sagte er, morgen sei sein Geburtstag. Wie alt wirst du, Nelson? „Zwei Jahre", sagte er grinsend.

Er war ein Gläubiger. Er glaubte an Santería, den Kult der schwarzen Sklaven, die, einst ins Land gebracht, ihre Götter mit denen des Katholizismus verschmolzen, worauf eine Mischung entstand, so mächtig, dass sie ganz Kuba in ihren Bann schlug. Seid meine Gäste, sagte Nelson, morgen werden wir meinen Geburtstag feiern, den Tag, an dem mein Gott sein Heim in meinem Schädel bezogen hat.

Ort der Feier war ein altes Kolonialhaus. Sie waren schon versammelt. Nelson, seine Familie, Freunde und ältere Santeros: Glaubensbrüder, die ihn in die Religion eingeführt hatten. An einer Wand ein Altar, um eine ganz in Rot gekleidete Figur errichtet: Changó. Gott des Krieges, der Kraft. Er hatte Nelson zwei Jahre zuvor als Initiand erwählt, und Nelson hatte ihm Gefolgschaft geschworen. Es war, glauben Santería-Anhänger, seine wahre Geburt. Heute wollte er Changó dafür huldigen.

Drei Männer traten in den Raum, zogen aus Seesäcken schlanke Trommeln und begannen, sie mit Schellen und Zierrat zu schmücken. In der Luft lag der süße Geruch von reifen Guaven und Orangen; Opfergaben für Changó. Die Trommeln setzten ein. Es klang, wie wenn Regen auf ein Blechdach fällt, zögerlich zunächst, dann schneller. Der Rhythmus schwoll an, wie eine Welle baute er sich auf, tosend und stürmisch, bis er plötzlich brach und sanft in Stille auslief.

Nach einer Pause setzten die Trommeln wieder ein. Nun trat Nelson vor. Er fing an zu tanzen. Andere schlossen sich ihm an, der Raum füllte sich rasch. Sie tanzten lange. Schnell staute sich Hitze, eine stickige Schwüle, die den Schweiß aus den Poren schießen ließ. Die Tänzer schnappten nach Luft wie an Land geworfene Fische. Dann, endlich, packte es einen. Es war ein Santero. Eben noch hatte er getanzt. Jetzt sprang er wie ein →

▸ SANTIAGO **STRAHLENDE KATHEDRALE** **Eindrucksvoll dominiert die Catedral de Nuestra Señora de la Asunción den Parque Céspedes – eine Erinnerung an den Machtanspruch der katholischen Kirche in Kuba, bevor die Revolution den Einfluss der Bischöfe stutzte**

Feuerwerkskörper durch den Raum, außer sich, er war nicht mehr allein, er war Changó, Changó war er. Sein Körper bäumte sich auf, sein Kopf schleuderte umher wie der einer Puppe, gelöst hatten sich alle seine Glieder. Augenblicklich wichen die Tänzer zurück, um ihm Raum zu geben. Seine Pupillen waren in den Schädel gerollt, nur noch das Weiß der Augäpfel war sichtbar. Seine Zunge schoss aus dem Mund hervor, züngelnd wie die einer Schlange. Immer wieder schlug er die Handflächen gegen seinen Schädel. Dort haust bei jedem Initiierten sein Schutzpatron und Gott. Als der Santero zu schreien begann, führten sie ihn hinter einen Leinenvorhang und holten Nelson hinzu. Er sollte erfahren, was der Santero sah. Nelson wollte später, als der Tanz geendet hatte, nicht darüber sprechen. Er wollte laute Gitarren, und er wollte etwas zu trinken.

Die Roqueros beratschlagten sich nur kurz. Es gab das „JC", so nannten sie die Casa del Joven Creador, Haus des jungen Kulturschaffenden, aber da war heute Liederabend. Also blieb nur die Casa de la Trova, eines der Kulturzentren Kubas, in dem staatlich bestellte Bands die Lieder der Insel singen, „Chan Chan", „Guantanamera" und „Comandante Ché Guevara". Die Roqueros gingen auf in der Gemeinschaft, sie tanzten Salsa, tanzten Son, wartend. Dann endlich kam das Signal, der Abend solle enden. Einmal noch setzte die Band ein, letztes Lied, ein Wunsch! Endlich. Durch die Lautsprecher drangen die wuchtigen Anfangsakkorde von „Smoke on the water", scheißgeil, alle tanzten, bis jeder betrunken in die Nacht stolperte, hinter sich verklingende Musik, vor sich einen neuen Morgen.

DER WARTESAAL WAR VOLL, es ging zum Meer, da wollten im Sommer viele hin. Die Frage war: „Quién es el último?", wer ist Letzter in der Warteschlange? Ein junges Paar meldete sich, zeigte, wer vor ihm wartete, ein alter Mann in der anderen Ecke des Saals. So formen sich Schlangen in Kuba, ob an der Busstation oder vor einem Laden: Weil keiner weiß, wie lange das Warten dauern wird, steht niemand tatsächlich in einer Reihe an – vielmehr warten alle wild durcheinander, ihren Platz in der Schlange allein durch die Kenntnis gesichert, wer vor ihnen wartet.

▸ SANTIAGO SPIEL- UND SCHAUPLATZ Glückliche Kindheit auf Kubanisch: kaum Verkehr, ein Ball und ein halbes Dutzend Spielkameraden. Die nahe Morro-Festung liegt dort, wo Spaniens Weltreich unterging. 1898 konnten ihre Kanonen die Niederlage der Armada gegen die USA nicht verhindern. Und Kuba kam vom Regen in die Traufe …

Zwei Stunden vergingen. Nichts geschah. Es gab keine Linienbusse ans Meer. Aber umgemodelte Lastwagen, die nach unergründlichen Gesetzmäßigkeiten fuhren oder auch nicht. Der Lautsprecher knackte. „Santa Lucía, Santa Lucía", sagte eine gelangweilte Stimme. Sogleich sammelten sich die Menschen, reihten sich auf. Alles geschah so geschmeidig, als handle es sich um Ballett. Aus einer Meute Menschen hatte sich eine Warteschlange materialisiert.

Der Lastwagen war ein Oldtimer einer längst verloschenen Marke, auf dessen Ladefläche vier Stahlträger geschweißt waren, als Sitzplätze. Der Fahrer pferchte Mensch auf Mensch hinein, und als alles voll war, noch ein Dutzend. Dann fuhr er. Drei Ewigkeiten später stoppte der Wagen, jählings, auf offener Straße. Der Motor. Er wollte nicht mehr. „Die Maschine stammt ja auch noch aus dem Jahr des Kometen", sagte der Fahrer. Wie geht es weiter? „Wir werden sehen." Warten. Warten. Warten. Dann kam ein zweiter Lastwagen. Irgendwann erreichte der das Meer.

La Boca lag am Ende einer Landzunge, ein Fischerdorf, dessen Kinder jeden Morgen mit Blei beschwerte Drachenleinen in die See schleuderten und auf einen Fang hofften, der die Erwachsenen beeindrucken würde. Die Erwachsenen fischten lieber gleich mit Harpune. Es war Sommer; die Ferien hatten Familien aus der ganzen Provinz nach La Boca gebracht. Das Meer sah aus wie ein Stecknadelkissen, so viele Köpfe waren im Wasser. Väter ließen Söhne von ihren Schultern springen, Mütter schwammen mit Töchtern um die Wette, in den am Strand auflaufenden Wellen saßen die Alten, Plastikflaschen in den Händen. Der Rum darin schmeckte schon nach dem Salz aller acht Winde. Am Strand grillten sie ein Schwein.

ES HATTE GEHEISSEN, es gebe einen Zug, von Camagüey nach Bayamo, am Fuße der Sierra Maestra. Dieser Zug fahre um sieben Uhr morgens, und zwar pünktlich. Es war sieben Uhr. Es war kein Zug zu sehen. Zwei Schalter im Bahnhof Camagüeys waren besetzt. Am ersten Schalter: Entschuldigung, wegen des Zuges um sieben … – „Was, der Zug ist da?" – Äh. Nein. Anscheinend nicht. Aber kann man schon Tickets kaufen? – „Wann kommt der Zug denn?" – Uh, das werden doch hoffentlich Sie wissen, Sie sind doch die Bahn? – „Nein, hier ist nur der Ticketverkauf. Informationen zu den Zügen gibt es ausschließlich nebenan." Am zweiten Schalter: Entschuldigung, wegen des … – „Hat Verspätung." – Ah. Wie lange? – „Offiziell 39 Minuten. Kommen Sie am besten um elf Uhr wieder." – Kann man denn schon … – „Hier ist nur die Information. Tickets gibt es nebenan." Um elf Uhr: kein Zug. Um zwölf Uhr: Nachricht, dem Zug sei auf der Strecke der Diesel ausgegangen. Um 13 Uhr: der Zug. Allerdings waren zeitgleich zwei staatliche Kontrolleure eingetroffen, per Auto. Sie wollten nach Ausländern sehen, die Zug fahren wollten. Auf einmal waren alle Tickets ausverkauft.

Es war einfach, illegal weiterzureisen. An jedem Busbahnhof warteten Makler, die Ausländer ohne Auto an Kubaner mit Auto vermitteln. Das war verboten, aber das scherte niemand. In die Sierra Maestra? Kein Problem, mein Cousin hat einen Wagen. Alles Illegale machten in Kuba immer die Cousins. Nach zehn Minuten rollte ein rostiges Auto mit offenen Fenstern vor, dessen Seitenspiegel sorgfältig auf der Hutablage verstaut waren. Ein Moskovich. „Erstklassiger Wagen", schwor der Fahrer, „sowjetischer Motor!" Der Fahrer hieß Pablo. Er wollte 100 Pesos Convertibles, mehr als 80 Euro, für die rund 300 Kilometer nach Santo Domingo, ins Herz der Sierra Maestra, wo Fidel Castro einst seinen Kampf um Kuba geführt hatte. Nur noch tanken müsse er. Die Tankstelle lag jenseits der Bahnlinie, ein Haus mit verschwiegenen Nachbarn und vielen irgendwann einmal von einem staatlichen Lastwagen gefallenen Benzinkanistern.

Pablo war glänzender Laune. Er fuhr an jeder Ausfallstraße extra langsam, um die wartenden Anhalterinnen zu begutachten. Er fand immer eine, die mitnahmewürdig war. Mit Anhal- →

▸ RÍO YUMURÍ AUSKLANG DES SOMMERS **Kinder nutzen die letzten Tage der Ferien zu einer Bootsfahrt auf dem Río Yumurí, einem der wasserreichsten Flüsse der Insel** ▸ BARACOA DIE ENDSTATION **Ein entlegenes Paradies, wo Kaffee und Kakao wachsen: Als Kolumbus nahe Baracoa an Land ging, schrieb er in sein Logbuch: »Das schönste Land, das Menschen je geschaut haben«**

terin Nummer fünf erreichte er Bayamo, die letzte Stadt, bevor die Berge begannen. Regen setzte ein. Er könne die offenen Fenster leider nicht schließen, erklärte Pablo, sie seien kaputt. Es regnete stärker. Er könne die Scheibenwischer leider nicht in Gang setzen, erklärte Pablo, sie seien kaputt. Er werde aber von innen wischen. Dann sei wenigstens das Kondenswasser weg. Er war glänzender Laune.

Es wurde Nacht. Pablos Laune verschlechterte sich. Er sah nun nichts mehr außer den Scheinwerfern entgegenkommender Autos. Er wusste nicht, wie weit es noch war. Er hasste diese Berge. Ihre Steigungen ließen ihn um den Motor seines Moskovich bangen. Er hatte recht. Irgendwann, irgendwo in der Sierra Maestra, blieb der Moskovich stehen. Pablo fluchte. So bald werde er keine Ausländer mehr fahren, sagte er. Schon gar nicht in die Sierra Maestra. Am besten nirgendwo mehr hin, sagte er. So verging die Zeit. Eine Stunde später kam ein Jeep. Er schleppte den Moskovich nach Santo Domingo, ein kleines Dorf zu Füßen des Pico Turquino, Kubas höchstem Gipfel.

AM NÄCHSTEN MORGEN lag Nebel über den Hängen der Sierra. Dicht und dunkel stand der Wald, schon die jungen Schößlinge am Rand waren von Farnen bewachsen, von fremden Ranken bedrängt. Kühle kam aus dem Regenwald wie ein Atem. Eine kleine Gruppe italienischer Touristen stieg auf, zwei Stunden über bewaldete Bergrücken und durch schmatzenden Schlamm, bis der Blick weit wurde und sich die Höhenzüge ringsum zeigten. Die Wipfel der Bäume wiegten sich in sanftem Wind. Mit Kraft brach die Sonne durch die Blätter und ließ den Boden dampfen. Bald kam eine Handvoll mit Palmwedeln gedeckter Holzhütten in Sicht. Hier, inmitten der Berge, hatte Fidel Castro 1958 sein Hauptquartier aufgeschlagen. Heute ist die „Comandancia" Nationalmonument. Ein Italiener, auf dem Kopf eine grüne Militärmütze mit rotem Stern, hob die geballte linke Faust zum Gruß. So ließ er sich vor dem Bett des Comandante en Jefe fotografieren.

Santo Domingo lag am Ende aller Straßen, keine Linienbusse, kein Verkehr. Aber einige Kubaner, die den Kipplader ihrer Kooperative für eine Spritztour in die Berge geborgt hatten. Jetzt war es Nachmittag, sie wollten zurück. Sie wuchteten einen Sack voller Bierbüchsen auf die Ladefläche und zogen alle hinauf, die mitfahren wollten. Sie waren betrunken. Das Bier müsse weg, sagten sie, sonst werde es warm. Der Kipplader kroch mit jaulenden Bremsen die Kurven der Bergstraße hinab; nach jeder scharfen Kehre reichten sie dem Fahrer eine Bierbüchse durch das Fahrerfenster, auf einen schnellen Schluck.

Im Tiefland ging es rascher, der Kipplader rauschte die Landstraße entlang, nichts als Zuckerrohr links und rechts, endlose Weiten. Am Rand der Straße waren Betonstelen versenkt, hintereinander, wie Dominosteine. Gesichter waren auf sie gemalt, zumeist bärtige. Gefallene der Revolution. Man hatte sie hier noch einmal in Reih und Glied gestellt.

In Santiago war es heiß wie im Kesselraum eines Schiffes. Die ganze Stadt schien zu schwitzen, Menschen, Tiere, Bauwerke, alles schlierig. Auf den kolonialen Plazas ging es gesittet zu, doch abseits des Zentrums, in den entlegenen Gassen der Altstadt, hatte Santiago in der Hitze etwas Räudiges. Es roch wie auf dem Rummel, eine Mischung aus Schweiß, Alkohol und Süßigkeiten. Es ging kein Wind, nicht ein Hauch, nur Fetzen von Musik wehten durch die Straßen. Hunde fledderten Abfall. Wer konnte, floh zum Meer.

Die Bucht von Santiago war verheißungsvoll blau, in ihrer Mitte lag eine Insel: Cayo Granma. Auf Stelzen stehende Holzhäuser säumten ihr Ufer. Die Fähre brauchte kaum zehn Minuten, schon war Santiago nur noch ein anderes Ufer.

Er verbarg seine Geschichte in einem Geheimfach im Schrank, gesichert mit Seilzügen, nur er vermochte es zu öffnen. „Man muss die Orden verstecken", sagte er, „sonst kommen die Enkel und nehmen sie als Andenken mit." Die langen Jahre an den Netzen hatten seine Gestalt gekrümmt, Wind und Wetter sein Gesicht geprägt. Er war Fischer, der älteste auf

Cayo Granma, Fischer und Veteran. Die Menschen der Insel nannten ihn Chaíto, aber er stellte sich stolz als „Mustelier Nápoles, Kämpfer" vor. Zum Beweis öffnete er seinen Schrank, zog an einem hinter Stoff verborgenen Seil, fing die plötzlich fallende Holzvertäfelung leichter Hand auf. Eine verwitterte Schublade kam zum Vorschein, der er drei Kästchen entnahm. Er öffnete sie sorgsam. Es waren Orden darin, 30. Jahrestag des Beginns der Revolution, 40. Jahrestag, 50. Jahrestag. Sogar seine alte Armbinde hatte Chaíto noch, darauf gestickt: „26 de Julio". Castros Guerillabewegung. „Ich war Meldegänger", sagte Chaíto, „ich brachte ihnen Medikamente in die Berge." Er hatte sich den Aufständischen angeschlossen, sein Hass auf Diktator Batista war groß. „Als Fidel und Raúl anlandeten, sagten wir: Jetzt helfen wir ihnen." Chaíto kämpfte. Als Batista besiegt war, kehrte er zurück nach Cayo Granma, baute ein Haus, zeugte vier Kinder, fuhr täglich zum Fischen hinaus. „Und plötzlich bist du 95", sagte Chaíto. „So ist das Leben."

DIE FAHRT NACH BARACOA führte an der Küste entlang, rechter Hand das Meer, links Tafeln mit Propaganda: „Stets werden wir treue Verteidiger des Sozialismus sein", „Der Sieg war, ist und wird immer unser sein", „Vaterland oder Tod". Dann stieg die Straße an, in die Berge, wo sie sich durch weite Wälder schlängelte, hinauf auf die Pässe der Sierra del Purial, das raue Gebirge, das dem östlichsten Zipfel Kubas sein Gesicht gibt. Zu seinen Füßen lag Baracoa.

Über Baracoa sagten sie, dass es die älteste und östlichste Siedlung Kubas sei, weil an ihren Stränden Kolumbus gelandet sei und nach ihr nichts mehr komme außer dem Meer. Es war nicht wahr. Eine schmale Straße führte weiter ostwärts, an von Palmen gesäumten Stränden vorbei, immer nach Osten, bis zur Mündung des Flusses Yumurí. Hier fand die Reise ihr Ende, weiter in den Osten ging es nicht. Eine Brücke spannte sich über den Fluss. In ihrem Schatten standen Frauen und wuschen Wäsche, während ihre Kinder juchzend vom Brückengeländer ins Wasser sprangen. Es war Sommer, es waren die letzten Tage der Ferien, bald würde die Schule wieder beginnen. Die Kinder brannten vor Glückseligkeit. Sie jagten die Brücke entlang, einmal noch Ferien satt, um die Wette rennen, Fußball spielen, schwimmen, hinter ihnen lag Kuba, einen Sommer lang.

GEO-Special-Autor **Roland Schulz**, 32, war für diese Recherche zum ersten Mal auf Kuba – und fuhr wenige Wochen später gleich noch einmal hin: um dort Urlaub zu machen. **Sven Creutzmann**, 47, arbeitet seit 1988 auf der Insel. Als einziger deutscher Fotograf in Permanenz.

INFO

REISEN IM LAND

Wie man auf Kuba am besten vorankommt

Ob Mietwagen, Flüge oder Hotels, oft ist eine Buchung billiger, wenn man sie online aus dem Ausland erledigt. Exzellente Informationen, sogar mit Bus- und Bahnfahrplänen, bietet die private Internetseite **Cuba Individual**, *www.cuba-individual.com*.

Überlandbus

Hauptverkehrsmittel für individuell Reisende sind die Busse der Linie **Viazul**, *Tel. 0053-7/881 14 13*, *www.viazul.cu*. In Havanna, Knotenpunkt der Verbindungen, liegt das Viazul-Terminal direkt gegenüber dem Eingang zum Zoo. Die Busse fahren alle größeren Städte und die wichtigsten touristischen Ziele an: zweimal am Tag Havanna–Viñales, zweimal Havanna–Trinidad, dreimal Havanna–Varadero und viermal Havanna–Santiago de Cuba. Es empfiehlt sich, Tickets telefonisch zu reservieren. **Guter Trick:** In Havanna die Übersichtstafel fotografieren, auf der alle nationalen Verbindungen verzeichnet sind – so hat man unterwegs immer die Abfahrtszeiten parat. Unverzichtbar bei Busreisen ist ein Pullover. Die Klimaanlagen an Bord sind oft sehr kalt eingestellt.

Privattaxi

Wer kein Ticket reserviert hat, sollte mindestens eine Stunde vor Abfahrt am Busterminal sein und seinen Platz in der Warteschlange markieren. Ist der Bus ausgebucht – einfach aus der Wartehalle treten: Sofort stürzen Makler auf Sie zu, um Fahrten im Taxi zu vermitteln. Kubanern ist der private Transport von Ausländern zwar verboten, dennoch ist diese Praxis Alltag. Der Preis ist stattlich (etwa 30 € pro 100 Kilometer) – aber bei mehreren Mitfahrern lohnt sich die Option dennoch.

Flugzeug und Mietwagen

Flüge in alle größeren Städte bieten die beiden kubanischen Fluglinien **Cubana**, *Tel. 0053-7/266 45 82*, *www.cubana.cu*, und **Aerogaviota**, *Tel. 0053-7/203 06 86*, *www.aerogaviota.com*. In Havanna sind Flugbuchungen in den Reisebüros großer Hotels, zum Beispiel im Hotel Nacional, möglich. Dort können auch **Mietwagen** geordert werden, etwa bei **Cubacar**, *Tel. 0053-7/649 98 00*, *www.transtur.cu*, und **Havanautos**, *Tel. 0053-7/204 64 57 oder 0053-5/285 07 03*, *www.havanautos.com*.

Zug

Am meisten Geduld muss haben, wer mit der Bahn fahren möchte. Tickets gibt es ausschließlich an den Bahnhöfen, in Havanna für Ausländer beispielsweise am Terminal **La Coubre**, zwischen Hafen und der Estación Central gelegen, dem eigentlichen Hauptbahnhof. **Informationen:** *Tel. 0053-7/ 69 19 29*. Unbedingt den Namen des Gesprächspartners erfragen, den eigenen Namen deutlich buchstabieren und möglichst einen Witz machen. Sonst erinnert sich am nächsten Tag niemand an einen Ausländer, der ein Ticket haben wollte. ■

Per Mietwagen oder Taxi gut erreichbar: Bergstraße in der Sierra Maestra

ORGANISIEREN ist ein Schlüsselbegriff im kubanischen Alltag. Er bedeutet: etwas abzweigen, sich etwas verschaffen – fast immer am Rande der Legalität. Zum Beispiel Medikamente aus dem Krankenhaus

ILLEGAL IST ÜBERALL

Die drei größten Erfolge der kubanischen Revolution sind Bildung, Gesundheit und Sport. Die drei größten Misserfolge: Frühstück, Mittagessen und Abendessen. Warum trotzdem niemand hungert? Weil es den Schwarzmarkt gibt

FOTOS ¬ **HOLLY WILMETH** TEXT ¬ **MAIK BRANDENBURG**

DIE HEISSE WARE ist tiefgefroren, sie kommt direkt aus dem Kühlhaus der Fleischfabrik. Jetzt steht der Karton dampfend in der Mitte des kargen Wohnzimmers, vom Schein einer Neonlampe erhellt. Es ist vier Uhr morgens, doch die vier Männer im Raum zeigen keine Müdigkeit. Sie dürfen keine Zeit verlieren. Die Ware muss gewogen und neu verpackt werden, solange sie gefroren ist. Taut sie, verliert sie an Gewicht.

Es sind Hähnchenschenkel.

Zwei Stunden zuvor sind die Männer hinter einer alten Fleischfabrik zugange gewesen, im Niemandsland zwischen dem Fabrikzaun und den Bahngleisen. Sie haben sich nervös umgeschaut. Es ist nicht leicht, unauffällig auszusehen, wenn man mitten in der Nacht an einem Bahndamm steht und wartet.

Schließlich ist der Zug gekommen. Das Rattern der Eisenbahn war das Zeichen für den Chef des Kühlhauses drinnen in der Fleischfabrik. Er hat das Fenster geöffnet und den Karton mit den gefrorenen Hähnchenschenkeln herausgeworfen. Der Krach der Waggons hat den Aufprall übertönt. Und noch bevor der Zug vorüber war, sind die Männer wieder verschwunden gewesen.

Vor Tagesanbruch wird ihre heiße kalte Ware bereits beim Kunden sein. Hähnchenschenkel sind in diesen Tagen schwer zu bekommen. Es sei denn, man kennt José.

Es gibt einen Witz auf Kuba, der wie folgt geht: Was sind die drei größten Erfolge der kubanischen Revolution? Bildung, Gesundheit und Sport. Und die drei größten Misserfolge? Frühstück, Mittagessen und Abendessen.

Denn 50 Jahre nach dem Triumph der Revolution steckt Kuba in einer permanenten Versorgungskrise. Zwar hat jeder Kubaner Anrecht auf extrem vergünstigten Reis, Zucker, Bohnen und ein Grundgehalt, aber weil das nicht reicht, ist eine Schattenwirtschaft entstanden, die sicherstellt, dass trotz sozialistischer Planwirtschaft niemand hungern muss. Sie hat ein Berufsbild hervorgebracht, das es eigentlich gar nicht geben dürfte: den Beschaffer. Der Beschaffer kann alles besorgen, was es eigentlich nicht gibt. Er ist schlau und schnell, er liebt seine Freunde und fürchtet seine Feinde. Er lebt gern gut, aber er ist nicht gierig: Er weiß, wann Geben →

seliger ist als Nehmen. Der Beschaffer verfügt über soziales Talent und Mut, Skrupellosigkeit und manchmal ein großes Herz. Ein neuer Mensch. Meistens ohne Nachnamen.

Einer wie José.

ES IST FÜNF UHR, und José zündet sich eine Zigarette an. Er braut sich einen *cafecito*, einen starken Kaffee. Seine Freunde, die Hühnerdiebe – „meine sozialistische Brigade" –, sind nach Hause gegangen. Doch Josés Schicht hat gerade erst begonnen. Vorsichtig öffnet er die Tür. Luyanó, ein Stadtteil südlich vom Zentrum Havannas, liegt noch im Schlaf.

Eine breite Straße führt an Josés Haus vorbei, die Menschen nennen sie „Calle Bermuda": Ganze Lastwagen sollen schon in ihren Löchern verschwunden sein. Selbst jetzt, wenn kein Verkehr über die Straße rollt, stinkt es nach uralten Autos und bleischweren Abgasen; es stinkt nach dem Öl, das aus Oldtimern leckt. Der Mief mischt sich mit Kaffeeduft. Er kommt von den Frühaufstehern, die ihre Bohnen in Pfannen rösten. Der Geruch streicht wie ein Trost über die brüchigen Fassaden, über die Säulen, die Balkone, über kunstvoll geschmiedete Gitter vor den Fenstern. Und über die flachen Dächer, auf denen Lebensmittel, Baumaterial, Ersatzteile lagern; es sind die Tresore der Familien. Auch die Terrassen vor den Türen sind mit Gittern verriegelt. Hinter einigen sind Autos geparkt, hinter anderen grunzen Schweine.

José schaut sich um. Es ist die stillste Stunde des Tages: jene, in der die Katzen müde zwischen die Spalten der eng stehenden Häuser gekrochen sind. Kein Polizist ist zu sehen. José atmet durch, er schnappt sich eine leere Tasche.

Ohne anzuklopfen geht er ins Nachbarhaus. Aus einer Kühltruhe holt er einen Packen Rindfleisch. An einer anderen Tür reicht ihm jemand wortlos eine lange Wurst heraus.

José geht schnell, er ist ein drahtiger, nimmermüder Mann von 50 Jahren und mit hellbrauner Hautfarbe. Als Kind trug er Wasser aus, die Stockwerke hinauf mit schweren Kanistern. Vor der Schule verdiente er so ein paar Pesos für die Familie. Seine Mutter, eine weiße Tänzerin, starb früh. Sein Vater war ein schwarzer Boxer, der irgendwann verschwand. José wuchs schließlich in einem Waisenhaus auf. Seinen Nachnamen – nennen wir ihn Ramirez – trugen alle Kinder, die mit ihm auf demselben Flur lebten. „Einen Stock tiefer hießen alle Gómez."

Von seiner Mutter, sagt José, habe er das gute Herz, von seinem Vater die Energie. Als Soldat kämpfte er in Angola; daher, sagt er, habe er seinen Mut. Seine Brille hat er aus der DDR, wo er Agrarwirtschaft studierte. Einen Schnauzbart ließ er sich wachsen, weil das Vertrauen bringen soll.

Nun ist José die Spinne in einem mühsam geknüpften Netz aus Beziehungen. Die Fäden des Netzes sind die Warenströme, die durch Josés flinke Hände fließen. Da sind auf der einen Seite die Verkäufer, überall im Viertel: „Fifo hat die Zigaretten, Marke Hollywood. Sein Sohn arbeitet in der Zigarettenfabrik, du verstehst?" Carmen gegenüber liefert Kleider und Leggins aus Panama. Eine italienische Stewardess besorgt ihr die Sachen. Marina ist die beste Adresse für Kaffeepulver, Raúl vertreibt Kacheln, Gordo Benzin und Angel besten Zement.

José kann Dinge beschaffen, die es auf *libreta*, das Rationierungsbüchlein, schon lang nicht mehr gibt: Babywindeln. Würste, die überwiegend Fleisch enthalten. Waschmittel, das nicht klumpt.

Als Josés Tasche voll ist an diesem Morgen, beginnt der zweite Teil des Rundgangs: der Verkauf. Wieder geht er von Tür zu Tür. Leise klopft er an, manchmal öffnen sich die Türen von allein. Hin und wieder flüstert ihm jemand eine Bestellung ins Ohr. „In Ordnung", murmelt José dann, „kriegst du morgen." Nie nimmt er bei Touren, auf denen er Ware dabeihat, Geld an. „Erwischt man uns, können wir sagen, es war ein Geschenk." Bezahlt wird später.

ALS ES HELL WIRD, macht sich José auf den Rückweg. Um halb acht muss er zu Hause sein: Dann beginnen die Streifenpolizisten ihre Runden zu drehen. Kurz bevor José sein Ziel erreicht, nähert sich ein Mann mit Handkarren. Er sieht besorgt aus. Er habe gehört, dass die Hauptstraße, die „Calle Bermuda", geflickt werden soll. Es wäre, meint er, das Ende seines Geschäfts. Er verkauft Süßigkeiten an vorbeifahrende Autobesitzer und lebt davon, dass diese wegen der Schlaglöcher nur im Schritttempo vorankommen.

Ein ganzer Wirtschaftszweig lebt von der „Calle Bermuda": Auch die Schwarzarbeiter-Baubrigade des Viertels, deren Kies direkt von der Straße stammt. Er wurde aus den Löchern geschippt, die während der Regengüsse voll Schlamm laufen. Gesiebt lässt sich der lukrative Dreck gut verarbeiten.

Ob es stimme, dass die „Calle Bermuda" repariert werden soll, will der Bonbonverkäufer wissen. „He", beruhigt José den Mann, „wann ist das letzte Mal etwas repariert worden in Luyanó?" Beide lachen.

Zu Hause lässt sich José auf einen Drahtstuhl sinken. Sein Wohnzimmer ist so kahl wie seit Jahren nicht mehr. José hat schwere Zeiten hinter sich: Vor ein paar Monaten begannen unbekannte Gestalten um sein Haus zu schleichen. Standen wie zufällig an der Ecke, als er morgens auf die Straße trat. Wochenlang hat er sein Geschäft ruhen lassen müssen. Um sich die Dinge des täglichen Bedarfs leisten zu können, verkaufte er nach und nach seine Wohnungseinrichtung: die Möbel, dann die Stereoanlage, schließlich sogar das Fernsehgerät. Und die elektrische Pumpe seiner Klospülung.

Schließlich beschloss José, seine Ware, die er früher einfach in seinem Kühlschrank verwahrte, auszulagern. Er verteilte seinen Bestand auf viele Häuser. Diese Nachbarschaftshilfe sichert ihm die Verschwiegenheit vieler in die Geschäfte →

DUNKEL

Die **REVOLUTION** wird sich am Tisch entscheiden – nicht am Verhandlungstisch, sondern am Küchentisch. Wo es um Fisch oder Wurst geht

ANGEBOT und **NACHFRAGE** bestimmen auch auf dem Schwarzmarkt den Preis. Für Ziervögel und Trommeln wie für Tabak

involvierter Bewohner. Was wichtig ist, denn die Strafen für Schwarzhandel können drastisch sein; sie reichen von hohen Bußgeldern bis hin zu mehrjährigen Gefängnisaufenthalten. Und endlich waren die Männer vor Josés Tür auch wieder verschwunden.

SEIT JAHREN führt der Schwarzmarkt die kubanische Wirtschaft in einen Teufelskreis: Je weniger in den staatlichen Lebensmittelläden ankommt, umso besser laufen die Geschäfte auf dem Schwarzmarkt. Umso mehr wird wiederum aus den staatlichen Läden gestohlen – was zu weiteren Engpässen führt. Analysten schätzen, dass gegenwärtig schon 50 Prozent der Konsumgüter auf dem Schwarzmarkt umgesetzt werden.

Trotzdem ist es fraglich, ob die Regierung den Sumpf wirklich trockenlegen will; auch wenn nach den Hurrikanen 2008 etliche Schwarzhändler verhaftet worden sind. José glaubt keine Sekunde, dass sein Geschäft den Behörden unbekannt ist. „Der Staat braucht uns", sagt er, „er weiß, ohne uns verhungert das Volk." Der Schwarzmarkt dient der sozialen Kontrolle: Er hilft, die Versorgung zu sichern, wenn die Waren auf Rationierungsbuch wieder einmal zu spät oder gar nicht geliefert werden. Und er hält die Menschen in Angst: Weil jeder auf irgendeine Art und Weise am illegalen Handel teilnimmt, stehen alle mit einem Bein im Gefängnis.

So ernährt sich das kubanische Volk längst nach den Gesetzen der Marktwirtschaft, nach Angebot und Nachfrage. Auch wenn auf den bröckelnden Fassaden noch „Sozialismus oder Tod" gepinselt steht oder: „Wir werden siegen!"

„Das", sagt José, „glauben nicht mal mehr die Kinder."

Auch die Alten zweifeln. Oder sie verzweifeln. Evangelina etwa. Josés Nachbarin war lange Zeit der größte Unsicherheitsfaktor in seinem Leben: Sie ist die Vorsitzende des lokalen CDR. Die Comités de Defensa de la Revolución sind die nachbarschaftlichen Überwachungsvereine (siehe Seite 70). Eigentlich müsste Evangelina Josés dunkle Bestände melden. Doch ihr revolutionärer Geist hat gelitten. Die 70-Jährige will nicht darüber reden, wie sie ihre Ideale verlor, die sie einst als Lehrerin an der Parteischule beschwor. Sie muss es auch nicht, das Schwarze Brett im Flur ihres Hauses sagt alles: Fotos von Raúl und Fidel Castro hängen dort, ausgebleicht, zerrissen, lieblos aus einer Zeitung geschnitten. Die Schrift, die einen „55. Jahrestag" preist, ist verwittert. Es ist nicht mehr zu erkennen, was gefeiert wurde. Und die gemalte Flagge Kubas hängt herab, Evangelina macht sich nicht die Mühe, sie wieder aufzurichten. Evangelina hält die Fahne nicht mehr hoch.

Ihre Tochter ist in die USA ausgereist, ein Sohn verdient als Nachtwächter eines Hotels an jenen Touristen, die ihre kubanische Freundin mit aufs Zimmer nehmen wollen. Ihr Mann trifft sich abends im „Kreis der Großväter", der aus alten Revolutionären besteht, die noch gegen den Diktator Batista gekämpft haben. „Erst", sagt José, „reden sie über ihre Heldentaten. Danach verkaufen sie heimlich ihre Sonderrationen Milch."

Ihre Kinder haben Evangelina eine Gefriertruhe geschenkt, die sie an José vermietet. Nirgendwo sind seine Vorräte sicherer. Er gibt ihr eine gute Provision, Evangelina leistet sich Schnaps dafür; sie ist Alkoholikerin. Manchmal entzündet sie eine Kerze vor einem Porträt des Máximo Líder in ihrer Stube. Wie ein Heilsbringer im Kampfanzug blickt Fidel Castro auf ein grünes Tal. Glaubt sie noch an ihn? „Ich glaube, dass ich glücklich war, als wir alle noch wenig hatten", sagt Evangelina. Sie meint die Zeit, in der es noch keine harte Währung gab und jedermann auf Rationierung lebte. Es war die Zeit, als vor allem Ideale und Idole das Volk ernährten.

Jetzt, sagt die dialektisch geschulte Evangelina verbittert, haben wir neben einer doppelten Währung auch eine Doppelmoral.

JOSÉ WEISS NICHT, ob er die Alte bedauern soll. „Sie war ein ideologischer Kläffer. Alle hatten Angst vor ihr." Hatte sie ihn womöglich verpfiffen? Hat sie ihm die Polizei auf den Hals gehetzt? José schüttelt sich, blickt sich in seiner leeren Wohnung um. Er sei Opfer seines eigenen Erfolgs geworden, sagt er. Sein Unglück sei es gewesen, dass er zu beliebt geworden war. Die Leute nannten ihn den „König von Luyanó". Das ging ja noch. „Aber dann nannten sie mich auch noch *alcalde*, Bürgermeister", sagt José. Damit, so glaubt er, habe der Ärger mit der Polizei begonnen.

Denn „Bürgermeister" ist politisch. „Ich wurde nicht von der Partei in das Amt eingesetzt, ich bin sozusagen gewählt", sagt José. Die Befragungen auf dem Revier, die lungernden Männer vor seinem Haus, das alles sei bloße Einschüchterung. „Sie geben mir zu verstehen: ‚Pass auf, wir sind auch noch da!'"

Und dann stehen sie tatsächlich in seinem Haus. Zwei uniformierte Polizisten, die ihre Sonnenbrillen in den Händen drehen. Sie reden leise mit José.

Eine neue Vorladung aufs Revier?

„Sie wollen, dass ich ihnen morgen bei meinem Rundgang ein paar Ersatzteile für ihren Streifenwagen bringe."

Aber ist das keine Falle?

José stutzt. „Ach was", sagt er dann lachend, „die beiden sind Stammkunden." ■

Den von ihr fotografierten Kubanern hat **Holly Wilmeth**, 31, Anonymität zugesichert. Autor **Maik Brandenburg**, 46, weiß seit seinen Recherchen, warum es vorrangiges Ziel eines kubanischen Vorgesetzten sein muss, nicht bestohlen zu werden.

GUTE DECKUNG ist die wichtigste Voraussetzung für alle, die auf dem Schwarzmarkt Waren anbieten (oder ihre Dienstleistung als Musiker): Wer auffällt, riskiert hohe Strafen

Der »Palast« des Fernando Rodriguez. »Hier oben bin ich König«, sagt der Familienvater

HAVANNA

Auf den Dächern von Kubas Kapitale erstreckt sich eine kaum bekannte Stadt. Ein GEO-Special-Team ist Tausende Treppenstufen gestiegen, um die Menschen zu besuchen, die hier ihr Zuhause haben. Fluchtpunkt ist es den einen, Schutzhütte den anderen. Freiraum und Traumgefilde. Ein Versteck für heimliche Sehnsucht, für die Liebe zu Kuba und das Leiden an ihm

FOTOS ¬ SVEN CREUTZMANN TEXT ¬ JÜRGEN SCHAEFER

EIN GEWITTER braut sich zusammen über den Dächern von Havanna, und Edwin Ramirez singt von Liebe. Er steht auf der Dachterrasse des alten Hotels, das längst keine Gäste mehr empfängt. „Eurydike!", schmachtet er die Arie des liebeskranken Orpheus über die Balustrade. Zärtlich, in hellem Countertenor: „Ach, ich habe sie verloren!" Steingrau liegt die Altstadt zu seinen Füßen; unter dem trüben Himmel ist alle Farbe aus ihr gewichen. Vom Meer her eilen aufgeplusterte Wolken herbei. „All mein Glück ist nun dahin", singt Ramirez klagend. „Weh', dass ich auf Erden bin!"

Auf einer Mauerkrone gegenüber balanciert ein Mann, hält in der Linken ein Kabel, in der Rechten eine Antenne wie ein Drahtseilartist seinen Schirm. Niemand schenkt dem Sänger Aufmerksamkeit. Nur auf dem Sofa hinter ihm sitzt ein Zuhörer, mit kurzen Haaren und einem dunklen Brustpelz unter dem offenen Hemd. Es ist Luis Ramirez, Edwins Vater. 48 Jahre alt, selbst Opernsänger. Er lauscht und lächelt still, versonnen.

Luis Ramirez hat alle Zeit der Welt: Für diesen Luxus hat er alles aufgegeben. Als Orpheus' Liebesleid zu Ende ist, klopft er sich eine Filterlose aus dem Päckchen, ohne sie anzustecken. Erzählt seine Geschichte: Zehn Jahre lebte er in Madrid. Vor vier Jahren kehrte er heim nach Havanna. Als der Zöllner am Flughafen nach seinem Rückflugticket fragte, sagte Luis Ramirez ruhig: „Ich gehe nicht mehr nach Spanien. Ich bleibe hier." Der Zöllner starrte ihn wortlos an.

Alle wollen weg aus Kuba. Warum wollte er zurück? Luis Ramirez steckt sich die Zigarette an, überlegt. Jedes Jahr war er aus Madrid zu Besuch nach Havanna gekommen. Saß dann auf der Dachterrasse des alten Hotels, mit Freunden, mit der Familie. Rauchte, trank. Links das Meer, →

Die Altstadt zu Füßen, das Capitol in der Nähe – die Bühne des Tenors Edwin Ramirez. Sein Publikum in Momenten wie diesem: die Familie

rechts die Altstadt: großes Kino. Musik aus der Straßenschlucht, die spielenden Kinder auf dem Dach gegenüber. Nichts änderte sich, von Jahr zu Jahr. In Madrid raste die Zeit, in Havanna stand sie still. „Eigentlich wollte ich in Madrid eine Wohnung kaufen. Als ich den Vertrag unterschreiben sollte, dachte ich: 30 Jahre lang abbezahlen. Und jeden Tag die Angst: Wenn ich krank werde, setzen sie mich auf die Straße. Wenn ich die Arbeit verliere, setzen sie mich auf die Straße. Wozu?"

Auf Reisen, schrieb der Schriftsteller Miguel Barnet einmal, vermisse er Havanna wie eine Geliebte. Luis Ramirez vermisste Havanna so sehr, dass er in Madrid krank wurde, liebeskrank. Konnte nichts mehr essen, verlor 20 Kilo. „Ich war so dünn", sagt er und hält den kleinen Finger in die Höhe, „so dünn, dass ich am Ende das Wasser erbrach, das ich trinken wollte." Er schloss die Wohnung ab, warf den Schlüssel weg und fuhr zum Flughafen.

Jetzt lebt er auf dem Dach des alten Hotels, das sich längst in eine *ciudadela* verwandelt hat, eine permanente Notunterkunft für drei Dutzend Familien, in jedem Zimmer eine. Ramirez schläft in einem Raum, den er sich aus Sperrholzwänden gezimmert hat. Und freut sich wie jemand, der etwas gefunden hat, nach dem man sein Leben lang sucht. Die Augen, das Lächeln: ein Leuchten. Er sagt: „Havanna hat mir das Leben gerettet."

»Hier wackelt nichts«, versichert Pascual Montero. Er meint die Hütte, an der er seit 38 Jahren baut. Sie ist sein »Vogelnest«

Über dem nahen Capitol drapieren sich Gewitterwolken wie ein Theatervorhang. Donner grummelt von Westen her, rumpelt drohend über der Altstadt, verliert sich über dem Hafen. Die ersten schweren Tropfen fallen. Luis Ramirez entschuldigt sich: Seit dem letzten Hurrikan regnet es in seine Behausung. Er muss im Schlafzimmer Eimer aufstellen, die das Wasser auffangen.

Dann bricht der Regen los, und Havanna verschwindet hinter einem grauen Vorhang. Ein seltsamer Herbst hat die Stadt im Griff: Eben noch war es so heiß, dass sich die Kinder beim Barfußlaufen die Fußsohlen versengten. Dann kommt, viel zu früh, die erste Kaltfront aus dem Norden. Rüttelt an den Fensterläden, treibt Regen durch die Mauerritzen. Zwei Hurrikane haben die Insel verwüstet.

Havanna blieb verschont, dieses Mal noch.

IMMER WENN EIN STURM ÜBER HAVANNA DRÄUT, steigt Pascual Montero die Leitersprossen hinauf in sein Vogelnest. Langsam, Sprosse für Sprosse, mit schiefen, alten Gliedern. Wenn die Böen singend, surrend durch die Stahlseile wehen, die das Nest auf dem Dach vertäuen, schiebt der alte Mann die Seh-Luke eines zugenagelten Fensters auf. Und späht mit zusammengekniffenen Augen hinaus ins Unwetter. Wie Käpt'n Ahab, der einem Sturm trotzt.

Von unten ruft die Tochter: „Pascual, komm runter, du bist verrückt!" Seit sie denken kann, hat sie Angst, dass ein Hurrikan die Hütte vom Dach wehen könnte. Pascual Montero, Zauberer, Zimmerer, Flaschensammler, 79 Jahre alt, will davon nichts wissen. „Hier wackelt nichts!", schreit er gegen das Regengeprassel auf dem Blechdach an und rüttelt am Tragebalken der Hütte. Dabei zittert und ächzt das Vogelnest im Sturm, als triebe es auf hoher See. Mit jedem Donnerschlag dröhnen die Bodenplatten, unter denen hindurch das Wasser zur Dachrinne rauscht.

Seit 38 Jahren baut Pascual Montero an seinem Vogelnest auf dem Dach eines fünfstöckigen Apartmenthauses im Zentrum Havannas. Zuerst zimmerte er eine Küche auf dem Wassertank des Gebäudes, dann eine Holztreppe und darüber einen Holzverschlag. Mittlerweile hat das Vogelnest zwei Küchen, zwei Schlafkammern mit fünf Betten und eine Terrasse, allesamt aus Treibholz zusammengenagelt, geschraubt, verspannt, gebunden, verkantet, geklebt. „Ich habe alles auf der Straße gefunden. Zeug, das andere weggeworfen hatten. Mal einen Balken, mal eine Tür. Mal ein Kabel oder ein Stück Seil. Wellblech fürs Dach."

Nach dem Regen tritt Pascual Montero hinaus auf die Terrasse, schaut über die Stadt. Aus einer Dachwohnung gegenüber steigt eine junge Frau aus dem Fenster und auf den abschüssigen, regenfeuchten Dachsims. Sie trägt ein cremefarbenes Kleid. Beugt sich über den Abgrund und blickt fünf Stockwerke in die Tiefe. Hält sich nur mit einer Hand locker am Fensterrahmen fest. Einen atemlosen Moment später steigt sie zurück ins Zimmer.

In der Nachmittagssonne leuchtet Havanna wie in Gold gegossen; eine erhabene Stadt hier oben, die das Gewimmel auf den Straßen zu ignorieren scheint. Eine Landschaft, ein Gebirge, ein Massiv mit menschlichen Dimensionen, an dessen Flanken sich Hütten klammern: bunte, hölzerne, bewohnte und unbewohnte. Und gegen dessen Ausläufer am Horizont, wo der Malecón verläuft, der Ozean brandet.

WARUM NUR ist Havanna von hier oben gesehen so schön? „Weil du dort oben weit genug weg bist vom Elend", sagt Mario Coyula. Er lacht bitter. Coyula wohnt selbst weit genug weg vom Elend, im obersten Stock eines Apartmenthauses. Es steht in der Gartenstadt Vedado. Dort, wo es den Menschen an Sommernachmittagen gelingt, auf der Säulenveranda ihres Palastes im Schaukelstuhl wippend die Zeit immer weiter zu verlangsamen. Bis sich das Leben in Havanna zu einem endlos schwebenden Moment zu dehnen scheint. Doch nicht einmal das will Mario Coyula sehen: Sein Studienzimmer ist eine fensterlose Kammer voller Bücher, von einer scheppernden Klimaanlage gekühlt.

Plötzlich steht sie da, eine junge Frau auf regenfeuchtem Sims, 20 Meter über dem Abgrund. Aber sie holt nur Luft

Mario Coyula ist der wichtigste Urbanist Kubas; ein freundlicher Herr Mitte 70, der mit seinem ebenmäßigen Gesicht und der grauen Haartolle einem versprengten Zweig der Kennedys entstammen könnte. Wenn er von Havanna spricht, tut er dies im Ton eines verletzten Liebhabers. Einmal schrieb er, Zeit seines Lebens sei er „der schönsten Frau Kubas" verfallen gewesen, „die schon gestorben war, bevor ich auf die Welt kam": Havanna. Als Fidel Castro im Januar 1959 →

in Havanna einmarschierte, war Coyula 23 Jahre alt und begeistert, wie viele junge Intellektuelle damals. Die Stadtplaner des Diktators Fulgencio Batista hatten gerade die halbe Altstadt abreißen lassen wollen, um Platz zu schaffen für Parkplätze. Die Revolution hat Havanna vor der Modernisierung gerettet.

Doch Fidel Castro, Sohn eines Großgrundbesitzers aus den Ostprovinzen und dessen Haushälterin, traute der glamourösen Großstadt nie. Die Helden seiner Revolution rekrutierte er auf dem Land. Dagegen hielt er sich die studentische Elite des Widerstands fern, die Bohemiens aus Havanna. Es war, vermutet Mario Coyula, „der Minderwertigkeitskomplex der Landbourgeoisie gegenüber der kosmopolitischen Stadt".

Die Revolutionäre hatten nie eine Vision für Havanna, glaubt Coyula. „Die Guerilla ist enorm flexibel, aber sie reagiert nur. Es ist die Mentalität des Guerilleros: Er denkt nicht langfristig." So entstand, was Coyula den „Kult der Improvisation" nennt: Es wird nicht geplant, nicht gebaut, nur geflickt. Krieg den Palästen: Wo früher eine Familie lebte, nistet nun ein Dutzend. Über den Dächern Havannas wuchs ein Dorf schief gezimmerter Hütten. In der permanenten Not war Pfusch zur Tugend geworden. Als hätte Castro „die schönste Frau Kubas" nur vor dem Schafott gerettet, um sie hinterher verhungern zu lassen.

Nach der Revolution war Kubas Bürgertum nach Miami abgewandert. „In den 1950er Jahren hatte es in Havanna ein fein abgestuftes Klassensystem gegeben, mit einer sehr breiten Mittelklasse. Jede Klasse orientierte sich an der nächsthöheren. Das prägte die Stadt", sagt Coyula. Nach der Revolution wurden die Klassen abgeschafft. „Das hatte denselben Effekt wie das Entlaubungsmittel ‚Agent Orange' der Amerikaner in Vietnam", fügt Coyula grimmig an: „Als die obere Blattschicht weg war, schoss das Unkraut von unten in die Höhe." Coyula seufzt. „Ich weiß, ich klinge wie ein alter Mann. Aber eine Stadt spiegelt Machtstrukturen wider. Es ist unangenehm geworden hier. Die laute Musik. Das Geschrei. Diese … *Leute*."

Als nach der Revolution in Havanna Wohnungen frei wurden, quartierte sich →

Lichtermeer vor nacht-
schwarzer See: die Avenida de
los Presidentes in Vedado

im Osten der Stadt zum Beispiel ein Bauer in einem Hochhaus ein, erzählt Coyula. „Der Mann fuhr jeden Morgen mit seinem Pferd im Aufzug nach unten, um das Tier auf die Wiese zu bringen. Abends brachte er das Pferd im Aufzug wieder nach oben in die Wohnung."

„Die Revolution hatte die Urbanisierung der Dörfer zum Ziel", sagt Coyula und lacht. „Stattdessen hat sie die Ruralisierung der Stadt geschaffen."

HAVANNAS ALTSTADT erwacht zum Hahnenschrei, jeden Morgen. Über den Dächern der Stadt kräht es dutzendfach: Kampfhähne begrüßen den neuen Tag, Santería-Opferhähne, Festtagshähnchen. Ist es ein Freitag, zerrt Regla Andux die russische Waschmaschine zur Tür ihrer Baracke. Regla Andux ist 41 Jahre alt, hat die Haare straff nach hinten gebunden. Sie patscht jetzt barfuss über den feuchten Fußboden. Zuerst füllt sie Wasser in die senkrechte Rührtrommel der Waschmaschine, lässt dann zwei Stück Seife hineingleiten und wirft den Motor an. Vier Stunden lang hört das Wasser in der Trommel nicht auf zu gurgeln, bis aus dem Schaumbad eine graubraune Brühe geworden ist.

Regla Andux wühlt in einem Berg von Wäsche. 13 Menschen leben auf dem Dach des Kolonialpalastes, mit zwei Kampfhunden, einem melancholischen alten Hahn und zwei Dutzend gurrenden Tauben. Andux' Haus gleicht einem *bohío*, einer Holzhütte der kubanischen Ureinwohner. Aber statt im Palmenhain steht es auf dem Dach eines Kolonialpalastes aus dem 18. Jahrhundert. Ein Landhaus, mitten in der Stadt.

Seit 1982 gilt Havannas Altstadt als Weltkulturerbe; seither sanieren Bautrupps Haus für Haus. Sie erschaffen die Altstadt neu, als buntes Freilichtmuseum. Auf der Plaza de Armas stolzieren Pfauen. Auf den Treppenstufen der Häuser sitzen Frauen in Tracht und rauchen handgerollte Zigarren. Ein Havanna, das es nie gegeben hat: sauber und still, schön und langweilig.

Auf den Dächern aber ist eine andere Stadt entstanden: chaotisch, lebendig und immer einsturzgefährdet. „Imperfect Penthouses" nennt der Urbanist Mario Coyula ironisch diese Hüttendörfer unter dem Himmel Havannas. Andux' unvollkommenes Dachhaus trennt nur ein Straßenblock vom sanierten Teil der Altstadt. Doch abseits der Touristenkorridore liegt die koloniale Stadt in Ruinen. Der Sozialismus mit seinem Versprechen vom glorreichen Morgen ist fern.

Hier oben zählen nicht Geschichte oder Zukunft, nur die Jetztzeit zählt. Jeder sorgt für sich selbst: der Rentner vom Nachbardach, der mit Viagra handelt. Der Künstler zwei Dächer weiter, der aus gestohlenem Carrara-Marmor Büsten schleift und sie an Diplomaten verkauft. Auch Andux' Sohn Michel, 21 Jahre alt, verbringt die meiste Zeit auf dem Dach, versucht seine Tauben so abzurichten, dass sie ihm andere Tauben einfangen, die er dann verkaufen kann. Und der größte Wunsch seiner Mutter ist eine neue Waschmaschine.

»Von hier oben«, sagt Schriftstellerin Reina María Rodríguez, »erinnern die anderen Häuser an vorbeiziehende Elefanten«

Das ist der neue Mensch, den die kubanische Revolution geschaffen hat: im Großen ambitionslos, im Kleinen pragmatisch.

Am Nachmittag schaut der Fleischer aus der staatlichen Metzgerei vorbei, setzt sich auf die Sofakante. Ein rundlicher Mann mit fettig glänzenden Händen, der zufrieden in die Runde grinst. In den Händen hält er die Parteizeitung. „Information für unser Volk" steht in großen Lettern auf der ersten Seite. Hurrikane haben das Land verwüstet, die Lebensmittel werden knapp. Das Volk murrt, die Partei hat Angst. Sie verspricht, die Preise zu kontrollieren, den Schwarzmarkt zu bekämpfen. Den Sozialismus zum Sieg zu führen.

Der Fleischer hält die Zeitung vor sich wie eine Schriftrolle. Blickt mit blitzenden Augen in die Runde und fasst den Leitartikel in zwei Sätzen zusammen: „Die Zeiten sind schlecht! Also klaut, was das Zeug hält!" Lachend lässt er sich aufs Sofa fallen, klopft erst sich selbst auf den Schenkel, tätschelt dann Andux' erwachsener Tochter Marianela den ihren. Sie lässt ihn gewähren. Der Fleischer ist fröhlich; schlechte Zeiten sind gute Zeiten für alle, die wie er an der Quelle sitzen. In Zeiten wie diesen, flüstert auch der Verkäufer im staatlichen Lebensmittelladen, brauche ich mir keine Geliebte zu suchen: Ich kann sie mir aussuchen.

Im Kapitalismus, heißt es, werden die Röcke kürzer, wenn es mit der Wirtschaft aufwärtsgeht. In Kuba werden sie kürzer, wenn es abwärtsgeht. Manche fürchten, dass sie schon im Frühjahr 2009 nicht mehr genug zu essen haben werden. Andere aber haben genug Geld, um drei Durchschnittslöhne für ein Paar Turnschuhe auszugeben. Auf dem Bulevar, der Einkaufsstraße nicht weit von Regla Andux' unvollkommenem Pent-

house, steht ein Dutzend junger Menschen vor dem Adidas-Shop Schlange, das obligatorische Mobiltelefon lässig in die Hosentasche gesteckt. Gut zahlende Kundschaft. Dennoch lassen die Verkäuferinnen immer nur zwei auf einmal in den Laden. Mehr zu bedienen, würde sie überfordern. So paart sich kapitalistische Ungleichheit mit kommunistischer Ineffizienz. „Wenn ein Genie und eine Schönheitskönigin heiraten", sagt Mario Coyula, „kann niemand garantieren, dass die Kinder wirklich schön und gescheit werden."

Kaum Kundschaft dagegen in „La Moderna Poesía", dem traurigsten Ort Havannas, einem Buchladen in einem Art-déco-Prunkbau, der außer ein paar nutzlosen Bildbänden kaum Bücher führt. In Havanna, das einige der besten Schriftsteller Lateinamerikas hervorgebracht hat, ein gutes Buch zu kaufen, ist fast unmöglich. Abilio Estévez? Antonio José Ponte? Reina María Rodríguez, Trägerin des wichtigsten Literaturpreises der Insel? „Nie gehört. Wir führen nur etablierte Namen", sagt auch der ambulante Buchhändler auf der Plaza de Armas, der jeden gedruckten Furz des Argentiniers Ernesto Guevara im Angebot hat. Ausgerechnet von Ché Guevara, dem furchtbaren Tatmenschen, Gegenteil eines Denkers, eines Dichters.

Hütten auf Palästen: Regla Andux hat sich ein *bohío*, ein Landhaus, gebaut. Nur steht sie auf dem Dach einer Kolonialvilla mitten in Habana Vieja

„Meine Bücher sind alle weg", seufzt Reina María Rodríguez resigniert, „ich habe selber keine mehr. Es werden einfach zu wenige gedruckt." Kaum jemand in Havanna kennt ihren Namen. Als Intellektuelle ist sie eine Fremde im eigenen Land. Seit 17 Jahren lebt Rodríguez auf ihrer Dachterrasse, auf der sie sich ein Haus gebaut hat. *Mi refugio,* nennt sie es, meine Schutzhütte.

ES WAR JAHRELANG EIN ZUFLUCHTSORT für einen literarischen Salon, wie es ihn in Havanna eigentlich gar nicht hätte geben dürfen. Die Geschichte der „Azotea de Reina" begann 1991, in der schlimmsten Wirtschaftskrise Kubas seit Castro. Das Ende des Bruderstaats Sowjetunion stürzte Havanna in Armut und die Kulturszene in ein schwarzes Loch. Es gab kein Papier für Bücher, keine Tinte. Nicht einmal Strom für die Druckmaschinen.

Reina María Rodríguez war damals 39 Jahre alt. „Allen ging es schlecht, und allen ging es gleich schlecht", erinnert sie sich. „In diesem Egalitarismus war Kunst eine Möglichkeit, sich zu unterscheiden." Zuerst waren es nur enge Freunde, die sich einmal pro Woche auf Rodríguez' Terrasse trafen. „Keine Dissidenten, keine politischen Wi- →

Ihnen gehört der Himmel:
Michel Rodriguez mit seinen
abgerichteten Tauben

derständler. Aber Querköpfe. Streitsüchtige Menschen.“ Dann kamen immer mehr, immer häufiger; an manchen Abenden waren es 20 Menschen.

„Wir haben uns gemeinsam eine Schreibmaschine gekauft. Dann lasen wir uns bis zum Morgengrauen gegenseitig vor, was wir geschrieben hatten. Wir glaubten an das Ideal vom ‚organischen Intellektuellen‘, der Teil der Gesellschaft ist“, erzählt Reina María Rodríguez. „Das Ganze basierte auf dem griechischen Ideal der *padeia*, der Bildung als Grundlage des Humanismus.“ Samstags kochte sie Reis mit Kohl.

Jetzt sind sie alle weg. In Madrid, in Miami, in Mexiko. Oder in der Kulturbürokratie, jene, die zu schwach waren zu gehen. Reina María Rodríguez sitzt allein auf ihrer Terrasse. Sie ist 56 Jahre alt, hat lange, dunkle Haare, in der Mitte ohne Pony gescheitelt, zum Zopf gebunden. Ihr bester Freund musste vor zwei Jahren gehen. „Ich bin die Indianerin“, sagt sie. Die letzte Mohikanerin.

Reina María Rodríguez' Erinnerungen sind wild, bunt und ungeordnet. Wenn sie zu erzählen beginnt, wird ein Monolog daraus, der zuerst weich aus ihr herausfließt, dann immer härter wird, bis er nicht mehr unterbrochen werden kann.

Einmal war, als sie von einer Reise zurückkam, ein Haus in der Nachbarschaft eingestürzt. Sie ging, wenn sie ihr Dach verließ, lange Monate einen Umweg, um die Lücke nicht zu sehen. „Ich fühlte mich schuldig, dass ich nicht da gewesen war, um das Haus zu stützen. Ich hatte das Gefühl, es sei eingestürzt, weil ich nicht da war.“

Sie schafft es nicht, Havanna zu verlassen.

Von hier oben, sagt Reina María Rodríguez und blickt über ihre Schulter, erinnerten sie die Häuser immer an eine Herde Elefanten, die vorbeiziehe. „Ich kann dieses Haus nicht zurücklassen“, sagt sie. Dann wieder, unter Tränen: „Alle haben, als sie gingen, etwas von dem hier mitgenommen. Aber sie sind alle noch da. Irgendwie.“ Sie bewacht ein Geisterhaus. Ihr Roman, ihr einziger, handelt auch von einer Frau, die langsam verrückt wird.

Wie löst sie das Dilemma, dass sie Havanna als Inspiration zum Schreiben braucht, aber hier niemanden mehr hat, mit dem sie sich austauschen kann? Dass sie in der Fremde nicht leben kann, aber zu Hause immer fremder wird? Und immer einsamer? Sie beantwortet die Frage nicht. „Manche Freunde draußen sagen, sie hätten kaum mehr Zeit zum Lesen“, erzählt sie. „Früher haben wir Joghurt gemeinsam aus einem Glas getrunken. Heute spreizen sie den kleinen Finger ab, wenn sie die Espressotasse halten.“ Auch davor hätte sie Angst: so zu werden. Zum Schluss sagt sie unvermittelt: „Es gibt

Auf seiner Dachterrasse schwingt sich Roberto Pérez in schöpferische Höhen: Marmor aus einem eingestürzten Haus wandelt er hier zu Kunst

keine Lösung. Ich bleibe hier, und alle meine Freunde sind weg. Vielleicht wollte ich einfach zu viel."

DIE ABENDDÄMMERUNG Havannas ist eine Sache von Minuten. Eben noch ist es gleißend hell, dann plötzlich scheint es die Sonne eilig zu haben, im Meer zu verschwinden. Nur wenig Zeit bleibt bis zur Dunkelheit. Der Stadtteil Centro Habana gleicht in diesen Minuten der verglimmenden Glut eines Lagerfeuers: grau in grau mit orangefarben glühenden Punkten, den Fenstern.

Auf den Straßen ist es finster geworden, doch der Verfall von Centro Habana lässt sich auch im Dunkeln ausmachen. Der Stadtteil ist vor 100 Jahren schnell gewachsen; die Häuser wurden mit billigem Beton hochgezogen. Nur wenige Straßenblocks trennen das Haus von Reina María Rodríguez vom Malecón, der Uferpromenade, gegen deren Mauer im Winter wütend das Meer anrennt, salzige Gischt sprühend, die der Wind dann hineinträgt in die alte Stadt. Niemand hält den Salzfraß auf. Die nächsten 50 Jahre wird kaum ein Haus in Centro Habana überleben.

Havanna Blues. Die Melancholie der sterblichen Stadt.

Andere Metropolen verändern sich, ihre Bewohner renovieren; immer wieder erfinden sich Städte neu. Havanna verändert sich nicht, Havanna altert. Havanna zu betrachten, den Verfall der einst schönsten Frau Kubas, ist wie in einen Spiegel zu blicken: und all das zu sehen, was hätte sein können. Wehmut über verlorene Jahre. Auch: eine Begegnung mit der eigenen Mortalität.

Eine zum Sterben schöne Stadt dennoch, zumal vom höchsten Penthouse Havannas aus gesehen, auf dem höchsten Hügel des Stadtteils Vedado. Bei Nacht betrachtet, wenn sich die Lichtspur des Leuchtturms auf der Morro-Festung verfolgen lässt, wie sie lautlos über die Altstadt hinwegstreicht. Daneben der bleiche Christus über dem schwarzen Hafenbecken. Vorn das neongrün leuchtende Hotel „Habana Libre"; der Malecón als elegante Lichterkurve. Ein hoher, weiter Sternenhimmel, mehr als 180 Grad weit, wie über der Wüste Neu-Mexikos.

Glücklich in der Abgeschiedenheit ihres kleinen Turmzimmers: Yuliet Torres und Fernando Rodriguez sind seit mehr als acht Jahren ein Paar

Fernando Rodriguez ist an atemlose Besucher gewöhnt; 14 Stockwerke müssen bezwungen werden, 257 Treppenstufen. Sie wohnen zu dritt in einem winzigen Turmzimmer: der stämmige Fernando, 22, seine Frau Yuliet Torres, ebenfalls 22 Jahre alt, und die siebenjährige Tochter Karla. Das Haus fühlt sich warm an: ein winziges Bad, ein Bett, in dem alle drei schlafen. Obwohl es eng ist, gehen sie einander nicht aus dem Weg; Yuliet schmiegt sich an Fernando, sie mit einer Haut von der Farbe dunkler, flüssiger Schokolade, seidenglänzend, er etwas heller.

Sie leben auf einer Insel, mitten in der Stadt. Yuliet Torres, die am Nachmittag von ihrer Berufsschule zurückkehrt, verlässt das Haus danach nur selten. Nur wirklich gute Freunde kommen zu Besuch; nicht einmal die neugierigen Sozialarbeiter in den revolutionsroten T-Shirts, die sonst an jede Tür klopfen, nehmen die Mühe des Anstiegs auf sich.

„Hier oben", sagt Fernando Rodriguez und hängt sich mit ausgebreiteten Armen in die Wäscheleine wie James Dean in „Giganten", „Hier oben bin ich König."

Nach dem Abendessen darf Karla noch ein wenig auf der Terrasse spielen. Sie tanzt auf der Mauerkrone, tollt mit ihrer Dackelhündin. Bald ist es ihr langweilig, und die Neugier übermannt ihre Scheu. Sie will alles auf einmal wissen: Wie weit ist es bis Deutschland? 20 Kilometer wie nach Santiago de las Vegas? Haben die Menschen dort Fernsehgeräte? Kühlschränke? Ihre Mama war noch nie aus Havanna heraus.

Karla stottert ein wenig vor Ungeduld, wenn die Fragen nicht schnell genug aus dem Mund purzeln wollen: Ist Frankreich schön? Gibt es in Spanien Schnee? Warum redet ihr so komisch? „Wenn ich groß bin, werde ich Tänzerin", sagt Karla stolz, und als die Mama sie ruft, tänzelt sie mit klappernden Flip-Flops übers Dach, ins Turmzimmer, wo kurz darauf das Licht erlischt.

Fernando Rodriguez sitzt im Schaukelstuhl, trinkt ein Glas Rum und schaut über die Stadt. Still ist es über den Dächern von Havanna, das Getriebe der Metropole nur ein fernes Rauschen. Drüben im Westen schimmert das Meer metallen unter dem frischen Mond, wie ein gehämmertes Stück Silber.

Fotograf **Sven Creutzmann** ist seit 16 Jahren dauerhaft in Havanna akkreditiert. Dennoch verschaffte die Recherche ihm wie dem ebenfalls kubaerfahrenen Heftredakteur **Jürgen Schaefer** völlig neue Ausblicke – und tagelangen Muskelkater nach ausgiebigem Treppensteigen. →

Der Malecón (oben links) aus ungewohnter Perspektive: freie Sicht auf das Häusermeer von Centro Habana

▶ REISETIPPS

Über den Dächern von Havanna

Welche Panoramablicke das GEO-Special-Team empfiehlt

Nur schauen

1 **Museo José Martí.** 109 Meter erhebt sich der höchste Punkt Havannas: der Turm hinter der Statue des Nationalhelden José Martí. Auf seiner Spitze bietet er ein 360-Grad-Panorama über die Stadt, die von dort oben weit weg und entrückt wirkt. *Plaza de la Revolución, Tel. 0053-7/859 23 51, Di–Sa 9–17 Uhr.*

2 **Christus-Statue.** Havanna hat zwar keinen Zuckerhut, aber der Blick vom Fuß der Statue nach Habana Vieja kann sich allemal mit dem Rio-de-Janeiro-Panorama messen. Schon die Anreise ist ein Erlebnis: Mit der Fähre geht's über die Bucht nach Casablanca, von dort aus zehn Minuten zu Fuß bergauf zur 17 Meter hohen Figur. Abfahrt der Fähre: *Muelle Luz an der Avenida del Puerto, Ecke Santa Clara, ca. alle 20 Minuten.*

3 **Maqueta de la Habana.** Adlerblick ohne Treppensteigen: Auf diesem Modell der Altstadt im Maßstab 1:500, acht mal vier Meter groß, macht es Spaß, bekannte Gebäude und unbekannte Ecken zu entdecken. *Mercaderes 114, zw. Obispo und Obrapía, Tel. 0053-7/866 44 25, tägl. 9–18 Uhr.*

Schauen und essen

4 **Restaurant Roof Garden,** im Hotel Sevilla. Ein prachtvoller Saal mit hohen Balkontüren, die den Blick über Centro Habana, Prado und die Morro-Festung freigeben. Internationale Küche. *Trocadero 55, zw. Prado und Zulueta, Habana Vieja, Tel. 0053-7/860 85 60, tägl. 19–22 Uhr.*

5 **La Torre.** Vor den Fenstern kreisen Truthahngeier in den Aufwinden des mächtigen Focsa-Gebäudes, das in all seiner modernen Hässlichkeit zu seiner Zeit in den 1950er Jahren stilprägend war. Die Bar und das überraschend gute Restaurant (Nouvelle Cuisine) bieten den besten Rundum-Blick über Malecón, Vedado und Centro Habana. *Edificio Focsa, Calle 17 No. 155, zw. M und N, Vedado, Tel. 0053-7/832 24 51, tägl. 12–23.30 Uhr.*

Schauen und trinken

6 **Hotel Inglaterra.** Auf dem Nachbardach, dem des Nationaltheaters, sind Engel zu sehen, eine Musikkapelle spielt Mambo, Salsa oder Cha-Cha-Cha: Die Dachterrasse des Hotels Inglaterra ist ein entspannender Ort für einen Mitternachts-Mojito. *Prado 416, Ecke San Rafael, Tel. 0053-7/860 85 94, 17–1 Uhr außer Sa, Live-Musik ab 22 Uhr.*

7 **Hostal San Miguel.** Nicht hoch, dafür romantisch und nahe am Hafen: Bei einem Daiquirí oder einem Fruchtcocktail lassen sich Tanker beobachten, die durch die enge Hafeneinfahrt bugsieren. *Calle Cuba 52, Ecke Peña Pobre, Tel. 0053-7/862 76 56, Cafetería auf der Dachterrasse 8–22 Uhr.*

Schauen und tanzen

8 **Diskothek Turquino.** Sterne oben, Sterne unten, Stars auf der Bühne: Die spektakulärste Diskothek in Havanna sitzt im obersten, dem 27. Stock des Hotels „Habana Libre": Es glitzern die Lichter der Stadt und, wenn in Sommernächten das Cabrio-Dach geöffnet ist, auch die Gestirne über den Tänzern. *Hotel Habana Libre, Calle L, Ecke 23, Vedado, Tel. 0053-7/855 40 11, tägl. 22.30–4.30 Uhr, Bands meist erst nach Mitternacht.*

Empfehlenswerte Hotels

9 **Hotel Florida.** Ein Kolonialpalast mitten in der Altstadt, liebevoll restauriert, bezahlbar, in Toplage. *Obispo 252, Ecke Cuba, Tel. 0053-7/862 41 27, ab 69 € p. P. im DZ.*

10 **Hotel Raquel.** Eine atemraubende Lobby mit bleiglasverzierter Decke, dramatische Art-nouveau-Architektur von 1905 und ein Restaurant mit koscherer Küche machen das Raquel zu einer der gelungensten Neueröffnung der vergangenen Jahre. *Amargura 103, Ecke San Ignacio, Habana Vieja, Tel. 0053-7/860 82 80, ab 69 € p. P. im DZ.*

11 **Nacional.** Imposant thront das Hotel auf einem ehemaligen Festungsfelsen über dem Malecón; halb Hollywood hat hier einst logiert. Der eindrucksvolle Auftritt verspricht mehr, als Zimmer und Service halten können, doch allein die grandiose Säulenterrasse mit Meerblick ist es wert, hier ein paar Tage abzusteigen. *Calle 21, Ecke O, Vedado, Tel. 0053-7/836 35 64, ab 70 € p. P. im DZ.*

12 **Parque Central.** Auch wenn sich an der etwas lieblosen Architektur die Geister scheiden, das Hotel schafft mit der Traumlage am Parque Central und dem professionellen Service eine gute Balance zwischen Altstadtflair und Businessambiente. *Neptuno zw. Prado und Zulueta, Tel. 0053-7/866 66 27, ab 73 € p. P. im DZ.*

13 **Saratoga.** Nach etwa siebenjähriger Bauzeit endlich geöffnet: Das nobelste Hotel Havannas, mit Gourmet-Restaurant im Erdgeschoss, Pool auf dem Dach, in idealer Lage direkt gegenüber dem Capitol. *Prado 603, Ecke Dragones, Tel. 0053-7/868 10 00, ab 118 € p. P. im DZ.* ■

Große Havanna-Karte, siehe Seite 147

ZUCKER – ein

Kolumbus brachte das Süßgras *saccharum* in die Karibik. Dessen Anbau sollte Spanien für lange Zeit reiche Einnahmen bescheren

süßes Verhängnis

Havanna verdankt ihm ihre Schönheit, zugleich hat er Hunderttausende ins Elend gestürzt. Mit ihm kam die Moderne nach Kuba, aber auch die Sklaverei. Er befeuerte den Fortschritt, dann die Revolution: Der Zucker hat Kubas Geschichte bestimmt

TEXT ¬ **BARBARA BAUMGARTNER**

ES IST DER SÜSSESTE MOMENT in der Geschichte Kubas: der Moment, in dem das weiße Gold verspricht die Karibikinsel unermesslich reich zu machen. Im Frühjahr 1920 verdoppelt sich der Preis für Zucker auf dem Weltmarkt. Seit Jahren schon werden in Havanna spektakuläre Vermögen gemacht: Nachdem der Erste Weltkrieg die Zuckerrübenproduktion in Europa lahmgelegt hat, sind die Einnahmen aus dem Zuckergeschäft um 500 Prozent gewachsen. Damit überflügelt Kuba, erst seit 18 Jahren ein unabhängiger Staat, Großbritannien als Exportnation. Und Havanna tanzt: den „Tanz der Millionen".

Auf der Rennbahn der Hauptstadt werden Wetten über 1000 Dollar so leichthändig abgegeben, als handele es sich um Kleingeld. Die Reichen kaufen amerikanische Autos; Großfamilien gehen auf Vergnügungstour um die Welt. Der Zigarrenkonsum steigt auf 118 Stück pro Kopf und Jahr. In den neuen Vorstädten Vedado und Miramar werden Traumvillen gebaut. Dorische Säulen, Antiquitäten aus Europa, Marmor aus Italien: Geld spielt keine Rolle.

„Wenn es so weitergeht, pflanzen wir bald Zuckerrohr in den Innenhöfen unserer Häuser", schreibt eine Zeitung. Im Osten der Insel brennen die Wälder, um Platz zu schaffen für immer neue Anbauflächen. Die Großgrundbesitzer und Zuckerfabrikanten nehmen Kredite auf, um schneller expandieren zu können – Kredite, die ihnen schließlich das Genick brechen werden.

Denn im Juni 1920 wendet sich das Blatt: Der Zuckerpreis sinkt, von 22 auf 17 Cent pro Pfund. Zu Silvester werden nicht einmal mehr vier Cent erreicht. Kuba fällt in eine tiefe Depression. Auf dem Land essen Menschen die Rinde von den Bäumen, um zu überleben.

Wenn jedes Produkt ein Schicksal bedeutete, wie der Schriftsteller Eduardo Galeano einst über die Monokulturen der Kolonien schrieb, erwies sich der Zucker für Kuba als bittere Bestimmung. Doch wie kam es überhaupt zu der verhängnisvollen Abhängigkeit?

1493 gelangt das süße Rohr mit Kolumbus auf die Insel; der Anbau des in Europa begehrten Rohstoffs soll der spanischen Krone Gewinn bringen. Doch erst nach 1763, nach der Besetzung Havannas durch die Engländer, wird die Zuckerwirtschaft auf Kuba wichtiger, als es der Tabakanbau, die Viehzucht und die Schiffswerft in der Hauptstadt sind. Nun werden in großem Stil Tausende afrikanische Sklaven importiert.

1820 steigt Kuba zum Weltmarktführer auf, und binnen weniger Jahrzehnte verändert der Zucker das Land für immer: seine Natur, seine Hautfarben, seine Gesellschaft. Ausgedehnte Wälder weichen der grasgrünen Monotonie der Zuckerrohrfelder. Die Städte wachsen in atemraubendem Tempo; Cienfuegos verdreifacht zwischen 1825 und 1860 die Einwohnerzahl. Um die Zuckerfabriken herum entstehen Dutzende neuer Dörfer, über denen der klebrige Geruch von verschütteter Melasse hängt.

Zu Beginn des 19. Jahrhunderts stürzt sich Havanna, wie 100 Jahre später erneut, in eine erste Orgie absurder Verschwendung. Feinfühligen Reisenden erscheint der Glanz und Glitzer der Hauptstadt vor dem Hintergrund der Armut auf dem Land fast unwirklich: die luxuriösen Schmuck- und Schuhgeschäfte, deren Ruf bis nach New York dringt, die vollen Cafés und Theater. Die Oper ist nicht schlechter als die in Madrid. Nur zu gern überlässt die Zuckeraristokratie ihre Plantagen der Obhut von Verwaltern und frönt ihrer Leidenschaft für Bälle. Adelstitel sind meist frisch gekauft. →

Brutale Schufterei: Mit der Machete ernteten Sklaven das Rohr – 16 Stunden täglich

Extravagante Familien beschäftigen 100 Haussklaven, dazu weitere Hundertschaften auf den Plantagen. Allein zwischen 1821 und 1860 ordern die kubanischen Zuckerbarone mehr als 350 000 Afrikaner. „Das Fundament unseres Reichtums“, heißt es in einem offiziellen Bericht von 1841, „ist die Sklaverei.“

Industrielle Revolution: Erst wurde das Rohr von Hand gepresst, dann in Ochsenmühlen und schließlich in Fabriken, wie eine Postkarte aus den 1920er Jahren zeigt

AUF KUBA ist das Los der Afrikaner noch härter als auf den Baumwollfeldern der USA. Eine Zuckerfarm, auf der Sklaven sechs Stunden schlafen dürfen, gilt als human. Meist dauert ein Arbeitstag während der Ernte von vier Uhr morgens bis Mitternacht: 16 Stunden beim Rohrschneiden, vier in der Gluthitze der Fabrik. Die Lebensbedingungen der Zuckersklaven bringen eine Redensart hervor, die auf Kuba angesichts der existenziellen Widrigkeiten noch lange populär ist: „Das Problem besteht hier darin, nicht zu sterben.“

Für die Gutsherren ist es ein Balanceakt zwischen maximaler Ausnutzung der Arbeitskräfte und dem Risiko, diese zu Tode zu schinden. Ihre Sorge, nicht genug neue Sklaven zu bekommen, steht im Widerstreit mit der Angst, zu viele Sklaven könnten eine erfolgreiche Rebellion anzetteln. Tatsächlich gibt es eine Unzahl von Sklavenaufständen. In einem der blutigsten, 1848, sterben 10 000. Um Widerstand im Keim zu ersticken, lassen manche Herren ihre Sklaven einmal im Monat auspeitschen. Selbstmorde versuchen die Zuckerbarone zu unterbinden, indem sie die Leichen verstümmeln – das soll eine Wiedergeburt in der afrikanischen Heimat unmöglich machen.

1886 endet die Sklaverei auf Kuba. Zu diesem Zeitpunkt hat sich die Zuckerwirtschaft längst als wichtigster Wirtschaftszweig Kubas etabliert. Das Land wird von einem Zuckeradel beherrscht, den der Historiker Hugh Thomas als verwöhnt und verschwenderisch beschreibt: eine Klasse ohne soziales Bewusstsein, die an einem „überraschenden Mangel an Zukunftsvision“ leidet.

Große Summen werden verprasst oder ins Ausland geschafft. Spanische Emigranten, die in Kuba zu Geld kommen, investieren in der Heimat. Es ist die Tragödie von Rohstoffproduzenten, die nach fremdem Drehbuch agieren müssen: Reichtum bringt keine Entwicklung. Kubanisches Zuckergeld hilft der katalanischen Baumwollindustrie auf die Beine; dagegen gibt es Zeiten, wo sogar der Zucker, den Kuba selbst verbraucht, roh ins Ausland verschifft wird und raffiniert und mit Aufpreis zurückkommt.

Je größer die Anlagen, desto abhängiger wurde Kuba von ausländischem Kapital

Ähnlich ist es mit der Eisenbahn. Kuba hat Schienen noch vor Spanien erhalten, im Jahr 1837. Aber die Eisenbahn dient von Beginn an nur der Zuckerwirtschaft: Schnell und günstig transportiert der Zug das Zuckerrohr zur Mühle und den Zucker zum Hafen. So bestimmen die Ansprüche der Exporteure den Schienenverlauf, nicht die Bedürfnisse der Menschen auf der Insel.

Mit jedem technischen Fortschritt wird Kuba amerikanischer, denn es sind bald US-Amerikaner, nicht mehr so sehr Spanier, die Technik und Kapital für Investitionen liefern. Anfang des 20. Jahrhunderts schreibt die Zeitung „Louisiana Planter“, auf baldige Annexion spekulierend: „Nach und nach fällt ganz Kuba in amerikanische Hand.“

Doch das Gegenteil geschieht: Die Zuckerwirtschaft bringt derart viel Leid über Kubas Landbevölkerung, dass sie den Boden für die Revolution bereitet. Als der Zuckerpreis 1932 auf 0,7 Cent fällt, füllen Tonnen unverkäuflicher Wa-

DIE GIER BEREITETE DER REVOLUTION DEN BODEN

Held der Arbeit: Ché Guevara Anfang der 1960er Jahre auf einem Zucker-Ernter

re die Lagerhäuser. Dann erhöhen die USA, die 95 Prozent der Ernte kaufen, auch noch den Zoll auf die kubanischen Einfuhren, um Rübenbauern im Mittleren Westen zufriedenzustellen.

1932 ist die Arbeitslosigkeit in Kuba vermutlich höher als irgendwo sonst auf der Welt. Die Ernte, die sonst fünf Monate dauert, wird wegen der Überschüsse auf 80 Tage verkürzt. Für die Landbevölkerung ist dies verheerend: Die meisten haben nur während der *zafra* Arbeit; dann schuften sie ohne Pause. Danach beginnt die „tote Zeit", lange Monate erzwungenen Müßiggangs mit knurrendem Magen.

1958, am Vorabend der Revolution des Fidel Castro, verfügen 13 amerikanische Fabriken über fast die Hälfte des Zuckerlands. Auf 84 Prozent des kultivierbaren Landes wächst Zuckerrohr. Zucker macht 80 Prozent der kubanischen Exporte aus. Weil die Insulaner keinen Platz finden, um Reis anzubauen, muss das Agrarland einen Großteil seiner Lebensmittel aus den USA importieren. Zudem kontrollieren amerikanische Firmen 90 Prozent der Telefon- und Stromlinien, dominieren das Schienennetz, den Nickelabbau, die Ölproduktion und einen großen Teil des Bankwesens.

Es ist diese Situation, unter die Fidel Castro einen symbolischen Schlussstrich ziehen will, als er den Guerilleros gestattet, die Zuckerrohrfelder seiner wohlhabenden Familie zu verbrennen. Eine Geste, die ihm den lebenslangen Groll seiner Mutter einbringt.

DOCH DIE REVOLUTIONÄRE scheinen für den Zucker, der ein Drittel der aktiven Bevölkerung beschäftigt, keinen anderen Plan zu haben, als ihn loszuwerden. Sie wollen, so schnell es geht, raus aus der Sackgasse Monokultur. Träumen von Industrialisierung. Sartre besucht Kuba 1960 und fragt skeptisch: Ist es besser, auf Zucker zu bauen als auf Sand? Und Ché Guevara zitiert auf einer Konferenz der Organisation Amerikanischer Staaten den Freiheitskämpfer José Martí: „Das Volk, das sterben will, verkauft nur an ein einziges Volk."

Doch nach und nach setzt sich die Einsicht durch, dass Kuba in absehbarer Zukunft keine vergleichbare Einnahmequelle wird aufbauen können. 1963 hat die, nun verstaatlichte, Zuckerindustrie manchen Schätzungen zufolge sogar eine noch größere Bedeutung als vor der Revolution. Langsam beginnt die Mechanisierung, doch auf unebenem Boden sind die *macheteros*, die das Zuckerrohr mit der Machete schlagen, nicht zu ersetzen.

Einst diente der Sklaventurm bei Trinidad als Wachposten, nun lockt er Besucher

Und dennoch versucht das sozialistische Kuba, auf den Zuckerrohrplantagen „die ökonomische Schlacht" zu gewinnen. Der Höhepunkt ist 1970 erreicht, als „die *zafra* der zehn Millionen" zu einer Frage nationalen Überlebens hochstilisiert wird, der man alles andere unterordnet. Der sinnlose Kraftakt endet im Fiasko – nicht nur, weil statt zehn lediglich achteinhalb Millionen Tonnen geerntet werden. Sondern weil die Wirtschaft am Boden liegt: Alle Ressourcen des Landes sind in die eine Ernteschlacht im Zuckerrohrfeld geflossen.

Auch in den Jahren danach bleibt der Zucker Kubas wichtigstes Wirtschaftsgut. Der Kalte Krieg sorgt für ein komfortables Arrangement, bei dem die Sowjetunion den Großteil der Ernte abnimmt und dafür Öl, Maschinen, Fabriken gibt. Die Abhängigkeit ist nicht weniger verhängnisvoll als in den Jahren, in denen der US-Kongress die Abnahmequoten festsetzte, weshalb Kubas Wirtschaft mit dem Zusammenbruch des Ostblocks erneut zum Stillstand kommt.

Und wieder werden als Weg aus der Krise große *zafras* beschworen. Doch die Zuckerindustrie hat nicht nur ihren Abnehmer verloren. Es fehlen Treibstoff, Reifen, Maschinen, Ersatzteile, Dünger für die ausgelaugten Böden, Herbizide, Motivation, Organisation – das Ganze ist, in Fidel Castros Worten, „ein Desaster".

2002 beschließt die Regierung, etwa die Hälfte der 156 Zuckermühlen aufzugeben. Einige werden in Museen verwandelt. 2005 erklärt Castro, dass Zucker den Ruin bedeutet: „Vom Zucker wird dieses Land niemals wieder leben." 2006 und 2007 fallen die Ernten mit 1,2 Millionen Tonnen so dürftig aus, dass Kuba den Süßstoff gar aus Brasilien und Kolumbien einführen muss.

Doch ab 2006, nach vielen schlechten Jahren, beginnen die Preise zu steigen. Aktuell liegen sie wieder bei 12 Cent pro Pfund. Die Produkion von Ethanol scheint gewinnversprechend; aus Zuckerrohrabfällen lässt sich Elektrizität gewinnen! Einige der geschlossenen Fabriken sollen wieder eröffnet werden. ■

Barbara Baumgartner, 38, ist Wahl-Spanierin. Mit Zucker beschäftigt sie sich auch in der Vorbereitung auf ihre Master-Arbeit.

Die sympathischste Errungenschaft des real existierenden Tourismus: Casas Particulares, private Unterkünfte – inklusive Familienanschluss. Ein GEO-Special-Team verrät, wo Sie mit Sicherheit richtig liegen

FOTOS ¬ ANDREW MOORE TEXT ¬ MAIK BRANDENBURG

Zimmer mit Einblick

❶ ***Hostal La Estancia*** In diesem Haus ist sogar die Hündin eine Antiquität. Sie ist 17 Jahre alt und heißt Sissy; ihr Name passt zum herrschaftlichen Interieur. Jedenfalls ist gut vorstellbar, dass Adlige zwischen den Gemälden aus dem 18. und 19. Jahrhundert tafeln. Die Tischdecke ist mit der hier vor Zeiten beliebten „Richelieu"-Stickart veredelt. Das Tafelgeschirr mit altem Gold bedeckt, das noch nie durch eine schnöde Bratkartoffel beleidigt wurde. Serviert wird nämlich nur, was dem bis zu 150 Jahre alten Porzellan, darunter greises Hutschenreuther, zur Ehre gereicht: Hummerrouladen mit Shrimps gefüllt oder unnachahmliche Suppen, deren Zutaten die Köchin aus den finstersten Ecken des Schwarzmarktes bezieht. Fragt man den Hausherrn, zeigt er auch Dinge, die sonst versteckt bleiben. Aber nur, wenn man ein Verschwiegenheitsgelübde abgelegt hat.

>>> *Manuel Antonio Garcia Rodriguez, Camilo Cienfuegos 34, Remedios, Tel. 0053-42/39 55 82, DZ ab 22 €*

2 ***Casa de Chino*** Carlos Figueredo hat einen Garten mit englischem Rasen, in dem nichts ist, was nicht hineingehört. Na ja, außer der riesigen Parabolantenne. Und dem Swimmingpool. Beides wäre vor der hohen Steinmauer ungern gesehen. Womöglich ist auch der Diener, der dem Gast rund um die Uhr zur Verfügung steht, nicht ganz systemkonform. Aber Figueredo lacht darüber. Sein Leben lang diente er der kubanischen Revolution. Jetzt gönnt er sich den Luxus, den er bei Klassenfeinden abgeschaut hat. Nicht sich allein – 250 Euro kostet die Nacht, inklusive Diener, Chauffeur und Köchin. „Ich muss so teuer vermieten", entschuldigt er sich, „ich habe eine Pension von gerade 900 Pesos, und allein mein Fahrer kostet 2000." Wieso hat er, was dem Rest des Landes untersagt bleibt? Señor Figueredo setzt seine goldfarbene Sonnenbrille auf: Er war im Geheimdienst. Keiner schreibt dem Oberst etwas vor.

>>> *Carlos Alberto Figueredo, Avenida 7ma 21602, Siboney, Havanna, Tel. 0053-5/294 43 01, DZ ab 250 €*

❸ *Casa de Manuel Barios*

Das Haus, betont Manuel Barios, sei so alt wie die Revolution – und so unverwüstlich. „Es ist zwar nur ein kleiner Bungalow, aber er macht die Menschen glücklich." Barios vermietet nur ein Zimmer, obwohl zwei erlaubt wären. „Mehr kann ich nicht kontrollieren", sagt der Hausherr. Das Bett darin: „so hart wie der Alltag eines Kommunisten." Barios war Militärstaatsanwalt der jungen Republik. Außerdem studierte er mit Castro. Die beiden trafen sich im Studentenclub „Bar der Juristen". Fidel trank nur Coca-Cola, einmal zückte er die Pistole und rief: „Ich kriege die besten Noten. Aber auch ohne Waffe." Solche Histörchen machen eine harte Matratze allemal wett. Ein wenig schämt sich Barios, Dollars von Ausländern zu nehmen. Doch er fand einen Ausweg: Er agitiert jeden Gast mit revolutionären Geschichten. „Es ist mein letzter selbst gestellter Kampfauftrag."

>>> *Manuel Barios, Avenida Rafael Ferro 474, Pinar del Río, Tel. 0053-48/75 38 05, DZ ab 22 €*

❹ *Casa de Emilio*

Emilio Pérez sagt: „Das Leben ist hart, meine Muskeln sind es auch." Das ist einerseits gut, denn nur so schafft er die Feldarbeit. Zwölf Hektar Tabak sind zu bewältigen. Andererseits wurden seine Hände grob und rau. Dabei will eine Tabakpflanze behandelt sein wie eine Frau: „Man muss sie täglich streicheln. Sonst wird sie hässlich." So fragt sich Pérez, wie sie in Europa den Tabak nur mit seelenlosen Maschinen ernten können. Dass dem so sei, erzählte ihm sein erster Gast, ein Franzose. Seit sechs Jahren vermietet Emilio Pérez Zimmer. Die Einrichtung ist karg, der Blick auf die Sierra del Rosario Schmuck genug. Kaum irgendwo versinkt die Sonne romantischer als über der Bergkette, und mit Pérez' Pferd kann man sogar in den Sonnenuntergang reiten. Seinen 50 Jahre alten Oldtimer indes vermietet er nicht. Er schämt sich für dessen Lada-Motor.

>>> *Emilio Pérez, Calle Pasaje Sergio, Dopico 36, Viñales, Tel. 0053-5/69 51 68, DZ ab 13 €*

❺ *Hostal Florida*

Die Betten sind Art déco, die Schränke auch, die Kristallläuster später Jugendstil. Allein wegen der Leuchter ruft das lokale „Museo de Artes Decorativas" regelmäßig an. Doch Angel Martinez rückt nichts raus, mag man ihm auch noch so hohe Preise nennen – oder geben. Den letzten bekam er vom Kulturministerium für die Restaurierung der Einrichtung, es war das erste private Haus im Land, das so geehrt wurde. Die Möbel, das Geschirr, der Mosaikfußboden repräsentieren den Schick des alten Havanna, Großvater Edelmiro brachte ihn nach Santa Clara. Das war vor einem Dreivierteljahrhundert. In der Leseecke sitzt man unter dem Porträt des Patriarchen, unter seinem strengen Blick mag man nicht einmal Eselsohren knicken. Man kann ihm entkommen in den hauseigenen Dschungel, ein kleines grünes Refugium im Innenhof, in dem sich bunt schillernde Eidechsen jagen. Und Sittiche und Tauben.

>>> *Angel Rodriguez Martinez, Calle Maestra Nicolasa 56, Santa Clara, Tel. 0053-42/20 81 61, DZ ab 22 €*

❻ *Casa de Gisela*

So ist das eben mit Kindheit und Jugend, sagt die Hausherrin: Sie vergehen. Geblieben ist ein großes Bild an der Wand. Es zeigt die Finca der Familie vor den Toren Havannas. Und manchmal, wenn die Abendsonne ihre Augen blendet, sieht Martinez die Kühe ihres Vaters wieder weiden. 300 waren es. Er verkaufte sie, bevor er vor der Revolution in die USA flüchtete. Das Geld reichte für dieses Haus und die kunstvoll gemauerte Außenwand. Es reichte nicht, um die Mutter in Kuba zu halten. „Nimm dich in acht vor den Kommunisten und halt mir das Haus in Ordnung", wies sie ihre Tochter an, bevor auch sie floh. Gisela Martinez tat ihr Bestes; es war ein jahrzehntelanger Kampf gegen den Verfall. Seit sie Zimmer an Touristen vermieten darf, geht es aufwärts. Zuerst renovierte sie das Vestibül mit dem Finca-Bild, dann das Dach, zuletzt ersetzte sie die bunten Bleiglasfenster. Dann lud sie ihre Mutter aus den Staaten ein. Gut gemacht, lobte die 96-Jährige. Die Alte starb in Frieden mit diesem Land. Es war knapp, sagt ihre Tochter.

>>> *Gisela Martinez, Ave. 26. No. 1002, Nuevo Vedado, Plaza, Tel. 0053-7/881 01 01, DZ ab 69 €*

7 *Casa de Martha*

Martha Corveas Welt ist rosa. „Sogar meine Träume", sagt sie, „sind nicht bunt, sondern rosa." Keine Frage also, welche Farbe die Ausstattung ihres Traumhauses haben musste: Wände, Schränke, Bettbezüge, alles rosarot. Kein dunkler Fleck stört das Bild: Denn nichts – keinen Stein, keinen Sack Zement – kaufte sie auf dem Schwarzmarkt. Deshalb dauerte es auch zwölf Jahre, bis die zwei Gästezimmer fertig waren. Dafür wohnt man jetzt im Himmel über Ciego de Ávila, weit geht der Blick aus dem „Pink Penthouse". Am schönsten ist es beim Frühstück: Dann sitzt man auf der Terrasse, hoch über den Dächern. Allenthalben blickt man auf *palomares*, Taubenhäuser. In der Dämmerung des neuen Tages öffnen die Züchter ihre Verschläge. Das Leben der Stadt erwacht auf den Dächern.

>>> *Martha Corvea, Calle José María, Agramonte 19, Ciego de Ávila, Tel. 0053-33/20 13 27, DZ ab 17 €*

❽ *La Casona de Calzada*

Der Erbauer der 126 Jahre alten Villa war ein Holzhändler, sein Pantheon ist eine Attraktion auf dem ohnehin bemerkenswerten Friedhof von Havanna. Wird es dem Mann dort zu langweilig, soll er sein früheres Zuhause besuchen. Wer weiß – des Nachts glimmt ein merkwürdiges Licht im Patio. Das allerdings kommt von leuchtenden Orchideen. Die Blumen sind das Hobby der Hausherrin Lisbet. Nicht der Geist des Kaufmanns ist also allgegenwärtig, vielmehr ist es der Geist von Alicia Alonso, der berühmtesten Tänzerin Kubas. Ihr Mann Fernand ist der Großonkel des heutigen Besitzers. Neben der Villa befindet sich ein Tanzsaal des Ballet Nacional de Cuba, das von der bald 90-jährigen Primaballerina geleitet wird. Seit einiger Zeit bietet das Ensemble Ausländern Kurse in Salsa oder Rumba. Sie sind meist ausgebucht, doch vielleicht hilft der Zufall: Manchmal kommt Alicia Alonso zum *cafecito* in die Villa.

>>> *Alexis Santos Rodriguez, Calle Calzada 508, Vedado, Tel. 0053-7/832 31 33, DZ ab 17 €*

INFO

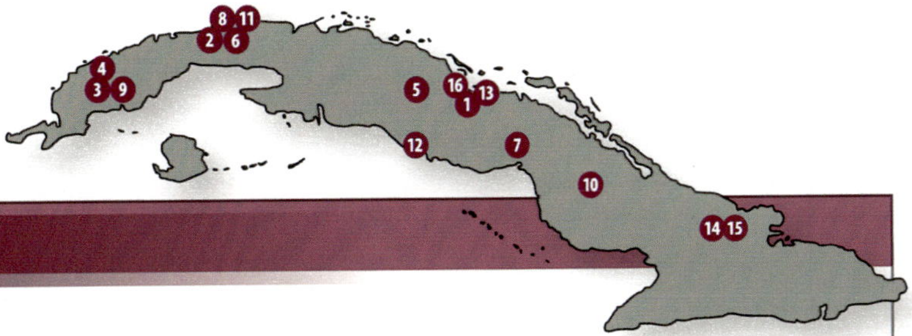

▶ **CASAS PARTICULARES**

Ferien in der Familie

Casas Particulares sind eine gute Alternative zum normalen Hotel. Denn Familienanschluss ist oft nicht ihr einziges Plus. Hier weitere Favoriten von GEO-Special-Autor Maik Brandenburg:

❾ **Casa Fidel Carlos Álvarez.** Kurse im Zigarrenrollen, Kaffeeanbau, Cocktailmixen – Besitzer Fidel Álvarez bietet Attraktionen wie eine kleine Reiseagentur. Auch Ausritte in die Höhlen der Gegend. *Calle Salvador Lisnero Hiz, Viñales, Pinar del Río, Tel. 0053-8/204 00 79, DZ ab 22 €*

❿ **Casa Leyane López Hernández.** Ein Ort zum Verlieben. Und zum Heiraten: Die Vermieterin stellt entsprechende Hochzeitsgarderobe samt Torte, Fotografen und vierspänniger Kutsche. *Calle General Gómez 266, Camagüey, Tel. 0053-32/ 26 32 95, DZ ab 22 €*

Garantiert nicht bissig: Krokodil, Hund und Hausherrin im Casa Mauri

⓫ **Hospedaje.** Fast im Zentrum und doch im Grünen: Havannas parkähnlicher Stadtteil Vedado. Frühstück mit Balkonblick inklusive. *Calle 21, No. 360, Apt. 2A, Vedado, Havanna, Tel. 0053-7/832 58 46, E-Mail mercylupe@hotmail.com, DZ ab 17 €*

⓬ **Hostal Casa Mauri.** Einen Krokodilssprung vom altehrwürdigen Zentrum. Das Krokodil liegt im Empfangssaal und rührt sich seit 60 Jahren nicht mehr. Dafür tut's der ebenso alte Ford auf dem Hof. *Calle Simon Bolívar 518, Fernando H. Echerri, Trinidad, Tel. 0053-41/99 23 43, E-Mail ronniecuba200@yahoo.com, DZ ab 22 €*

⓭ **Hostal La Casona Cueto.** Eine Wendeltreppe führt zwar nicht in den Himmel, aber in ein 100 Jahre altes Himmelbett. Auch sonst herrscht im Reich von Vermieterin Jenny Cueto die Extravaganz eines längst untergegangenen Kubas. *Calle Alejandro del Río 72, Remedios, Villa Clara, Tel. 0053-42/39 53 50, E-Mail luiseenrique@capiro.vcl.sld.cu, DZ ab 17 €*

⓮ **Hostal Vitral.** Koloniales Wohnen im Herzen der Stadt. Die Uferstraße ist um die Ecke, das Meer rauscht in die Träume. *Calle Independencia 36, Gibara, Holguín, Tel. 0053-24/84 44 69, E-Mail escalona@gibara.hlg.sld.cu, DZ ab 22 €*

⓯ **La Casa de Los Amigos.** Französische Küche, chilenische Weine und jedes Zimmer von einem anderen Künstler bemalt – die schönste Herberge Gibaras, so lukullisch wie lukrativ. *Céspedes 15, Gibara, Holguín, Tel. 0053-24/84 41 15, E-Mail lacasadelosamigos@yahoo.fr, DZ ab 17 €*

Garantiert fischig: die legendäre »Salsa de perro« in der Villa Virginia

⓰ **Villa Virginia.** „Salsa de perro", Hundesoße, heißt die Spezialität im Haus von Virginia Rodriguez. Trotzdem probieren: In Wahrheit ist Hundsfisch drin, und allein dieser Eintopf lohnt den Besuch. *Ciudad Pesquera 73, Caibarién, Villa Clara, Tel. 0053-42/36 33 03, E-Mail lacasadelosamigos@yahoo.fr, DZ ab 22 €*

Fotograf **Andrew Moore**, 51, und Autor **Maik Brandenburg** haben lange nicht so gut geschlafen wie bei den freundlichen Kubanern. Am Ende des Bettentests klang ihr morgendliches „Bueeeenos diiiaas" maximal entspannt.

DIE SCHATTEN-MÄNNER
CUBANA

Erst sah alles nach einer Routinekontrolle aus. Doch dann wurde klar: Die sind hinter uns her

Eigentlich wollte GEO Special in Santiago de Cuba ein »Komitee zur Verteidigung der Revolution« porträtieren. Doch die Staatssicherheit hatte etwas dagegen. Daher können wir leider keine Fotos präsentieren – aber einen Krimi. Schauplatz: die Realität

ZEICHNUNGEN ¬ **ANDREAS GEFE** TEXT ¬ **RUEDI LEUTHOLD** KEINE FOTOS ¬ **JONATHAN TORGOVNIK**

ALLES GUTE KOMMT AUS DEM OSTEN, sagen die Kubaner. Die heißen Tänze. Die scharfen Zuckerrohrschnäpse. Die Befreiungsbewegungen gegen Kubas Kolonialherren und Diktatoren. Deswegen sind wir hier, in Santiago de Cuba, Hauptstadt der kubanischen Ostprovinzen, die auch die „Heldenhafte" genannt wird. Hier bei Virgen Gonzales.

Virgen Gonzales, 59 Jahre alt, ist Majorin der Reserve, Abgeordnete der Nationalversammlung und Gründungsmitglied der „Komitees zur Verteidigung der Revolution". Wir treffen sie in ihrem Haus an der Calle Aguilera; möchten erfahren, wie Verteidigungskomitees funktionieren, diese kleinsten Zellen der kubanischen Revolution.

133 000 solcher Comités de Defensa de la Revolución – kurz: CDRs – gibt es auf Kuba, mit 8,2 Millionen Mitgliedern bei 11,4 Millionen Einwohnern. Am 28. September 1960 von Fidel Castro gegründet, sollten sie Auge und Ohr der Revolution sein.

Virgen Gonzales ist auch deren Herz. Sie wohnt einfach: zerschlissene Möbel, ein chinesisches Fernsehgerät, Plastikblumen. An der Wand ein Poster des jungen Fidel und ein Foto, auf der eine Virgen Gonzales ihr schwarzes Haar offen trägt. Jetzt hat sie es zusammengebunden. Drei Nachbarinnen sitzen in der Stube, ihr Ehemann liest im Innenhof Zeitung. Sie haben sich beim Wachdienst im CDR kennengelernt.

Virgen Gonzales gießt Kaffee in kleine Tassen, und als sie zu erzählen beginnt, verstummen die Nachbarinnen. Sie hat elf Geschwister, eine Bauernfamilie. Die Großeltern hüteten den Nachwuchs, als beide Eltern am Kampf der Guerilleros teilnahmen. Sie kamen mit einem Offiziersrang aus den Bergen zurück. Virgen erhielt ein Stipendium für den Besuch der Mittelschule, später studierte sie Ökonomie. Vor der Revolution undenkbar für ein armes Bauernkind.

„Der Tag, an dem ich dem CDR beitrat, war der glücklichste in meinem Leben", sagt sie. – Warum? – „Weil ich mich endlich nützlich fühlen konnte." Damals, 1961, hätte sich Kuba noch gegen Saboteure wehren müssen.

Virgen Gonzales steht auf, um die Medaille zu holen, die sie als Gründungsmitglied der CDRs auszeichnet. „Diese Medaille", rühmt sie und klaubt das Schmuckstück, stumpf gewordene Bronze, aus der Kartonschachtel, „wird meinen Sarg schmücken." Die Nachbarinnen protestieren. „Keine Sorge", sagt Virgen Gonzales lachend, „nur zur Aufbahrung. In den Boden kommt sie nicht. Später gehört sie meinen Kindern." Dann verstaut sie den Schatz wieder im Schlafzimmer. →

Der Parkwächter warnte: „Habt ihr gemerkt? Seit heute Morgen folgt euch ein Lada" ...

„Leider", wechselt eine Nachbarin schnell das Thema, „gibt es dieses Jahr keine *caldosa*." „Ja", pflichtet eine andere bei, „was 46 Jahre Handelsembargo nicht geschafft haben, schafft jetzt die Natur."

Jeden 28. September feiern die Kubaner die Gründung der Verteidigungskomitees mit einer Caldosa, einem Suppeneintopf. Die Regierung spendet den Schweinekopf, es gibt Limonade für die Kinder, Bier und Rum für die Großen, und wo all dies zusammenkommt, fehlt es auch nie an Musik. Im Kalender der sozialistischen Feiertage ist der 28. September eine Mischung aus Halloween und Nikolaustag, ein Fest für alle. Aber 2008 hat die Regierung, zum ersten Mal in der Geschichte der Revolution, die Feier abgesagt. Eine politische Kundgebung soll sie ersetzen.

31 Jahre lang hat Virgen Gonzales als Funktionärin die Arbeit der CDRs im Viertel koordiniert, und so fehlt es ihr weder an Worten noch an Autorität, um das Vorgehen der Regierung zu rechtfertigen. „Stellt euch vor", sagt sie, „zwei Wirbelstürme sind über das Land gefegt. Jetzt ist nicht die Zeit für Feste. Jetzt braucht das Land alle Kräfte für den Wiederaufbau." Die Nachbarinnen murmeln Zustimmung.

Nur schade, wende ich mich an die Genossinnen, dass wir uns so kein Bild davon machen können, wie die Frauen an der Calle Aguilera den Suppeneintopf vorbereiten, wie die Nachbarn sich treffen. Ich erkläre, dass eigens ein Fotograf aus New York anreisen wird, mit der Absicht, für eine deutsche Zeitschrift die Arbeit und das Fest der CDRs zu dokumentieren. „Wenn dem so ist", ruft Virgen Gonzales und nickt ihren Nachbarinnen energisch zu, „dann machen wir das Fest eben auf eigene Kosten! Es wird keinen Schweinekopf geben, aber wir tragen zusammen, was wir in den Kühlschränken finden, und dann werdet ihr die Caldosa genießen, wie es sich gehört."

In diesem Augenblick sind draußen aufgeregte Stimmen zu hören. Eine weinende Frau steht vor der Haustür, deren Tochter von der Polizei verhaftet wurde, weil man sie mit einem italienischen Touristen gesehen hatte. Virgen Gonzales begleitet die Frau, um den Polizisten zu versichern, dass die 19-Jährige eine brave Studentin sei. Prostitution? Unmöglich.

MIT MEINEM BEGLEITER JORGE fahre ich zurück in unsere Unterkunft. Jorge ist 36 Jahre alt, in Santiago aufgewachsen, lebt aber seit zwei Jahrzehnten in Havanna. Für die Hauptstädter sind die Kubaner im Südosten des Landes *guajiros*, brave Bauerntrampel. Jorge hingegen, obwohl einer von ihnen, bildet sich nicht wenig auf die Schlauheit ein, mit der er gelernt hat, auf den Straßen Havannas und in einem unberechenbaren System zu überleben. Jetzt hilft er mir, mich in seiner Heimatstadt zu orientieren. „Aufgepasst", warnte er mich auf der Hinfahrt, „in Santiago sind die Leute entweder Schafe oder Ziegenböcke." – Was soll das heißen? – „Es heißt, dass die Hälfte der Leute an die Revolution glaubt und die andere Hälfte Spitzel der Regierung ist."

Wir wohnen im Haus einer pensionierten Ärztin, die ein Zimmer an Touristen vermietet. Serafim, einer der Söhne, ist Physikprofessor am Polytechnikum. Er verbrachte einige Jahre in Europa, bis ihn Heimweh zurücktrieb. Er nennt es aber nicht „Heimweh". Er sagt: „der Geist Kubas". – Was ist der Geist Kubas? – „Freundschaft, Musik, ein Fest sind wichtiger als das

... bald schon hatten wir drei Autos mit Agenten der Staatssicherheit im Schlepptau

Streben nach Gewinn. Zeit wird nicht in Geld aufgerechnet, und es bedeutet keinen Verlust, mit einem Fremden ein paar Gedanken auszutauschen.“ Das alles habe er in Europa vermisst. Heute, sage ich ihm, habe ich den Geist Kubas kennengelernt. Ich berichte von meiner Begegnung mit Virgen Gonzales, die sich spontan entschlossen hat, für uns ein CDR-Fest zu organisieren.

Serafim ist, wie seine ganze Familie, ebenfalls Mitglied im Komitee zur Verteidigung der Revolution. Die meisten Kubaner sind es, mit 14 tritt man bei und zahlt seinen Beitrag, drei Pesos jährlich, umgerechnet zehn Euro-Cents. „Eine Nachbarschaftsorganisation“, sagt Serafim, „nützlich, wenn es darum geht, Arbeiten im Quartier zu organisieren. Aber“, schränkt er ein, „immer auch mit ein bisschen Angst verbunden. Wer nicht im CDR eingeschrieben ist, macht sich auffällig. Es besteht immer die Gefahr, von einem Nachbarn wegen irgendeines Vergehens diffamiert zu werden. Deshalb ist es besser, mit den Nachbarn ein gutes Verhältnis zu pflegen.“ Er lacht.

Später schlüpfe ich in den Eingang von Hausnummer 257, Straße San Carlos, nahe dem Zentrum, die Adresse einer unabhängigen Bibliothek. Solche Bibliotheken sind nicht gern gesehen in Kuba, ihre Betreiber werden von der Staatssicherheit belästigt und manchmal auch Opfer ihrer CDR-Nachbarn, die sich zu einem „Akt der Ablehnung“ zusammenfinden und die angeblichen Staatsfeinde beschimpfen.

Antonio Rodríguez ist ein älterer, etwas schwerhöriger Mann. Er zeigt die Bibliothek, ein kleines Zimmer. Sie umfasst nur ein paar Dutzend zerlesener Bände, alte Schulbücher. An der Wand hängt ein Poster mit Gesichtern politischer Gefangener. Die Staatssicherheit, sagt er übertrieben laut, habe die meisten Bücher mitgenommen und seine Schwester vertrieben, Haydée Beatriz Rodríguez, 75 Jahre alt. Beatriz war ihr Tarnname, als sie – wie auch Fidel Castro – in den 1950er Jahren im Untergrund gegen die Diktatur Batistas kämpfte. Später wurde sie zur Oppositionellen. Sie wetterte im Internet gegen Castro und gründete eine unabhängige Bibliothek. Am 20. Januar 2007 durchsuchte die Staatssicherheit die Wohnung und konfiszierte die meisten Bücher.

Die alte Dame begann einen Hungerstreik. Man drohte, sie für acht Jahre ins Gefängnis zu stecken. Haydée Beatriz Rodríguez gab den Widerstand auf und folgte der Aufforderung, nach Spanien auszureisen. Der Bruder erwartet sie nun zu einem Kurzbesuch. Wir verabreden ein Interview. „Kommt am Vormittag“, ruft er fröhlich, „dann ist der Spitzel der Straße mit dem Motorrad unterwegs.“ Als wir schon im Gehen begriffen sind, erzählt uns Antonio Rodríguez noch, dass die Versorgungsschwierigkeiten in der Umgebung Santiagos für Aufruhr sorgen. In Palma Soriano, 50 Kilometer vor der Stadt, sind Anwohner und Polizisten aneinandergeraten.

Wird es ein Aufstand? – „Vergiss es“, sagt Serafim, der Physikprofessor, zu Hause in der ehemaligen Fabrikantenvilla, „hier passiert nichts. Was explodieren sollte, explodiert nicht.“

Wir sitzen in Schaukelstühlen und schlürfen süßen Kaffee. „Das kubanische Volk“, meint Serafim, „hat bewiesen, dass es vieles zu ertragen vermag. Das weiß die Regierung. Und deshalb wird sich hier nichts ändern, selbst wenn jetzt neue Not auf uns zukommt. Auch wenn Fidel stirbt, wird sich hier nichts ändern. Die Leute haben sich zu lange daran gewöhnt, zu ertragen.“ →

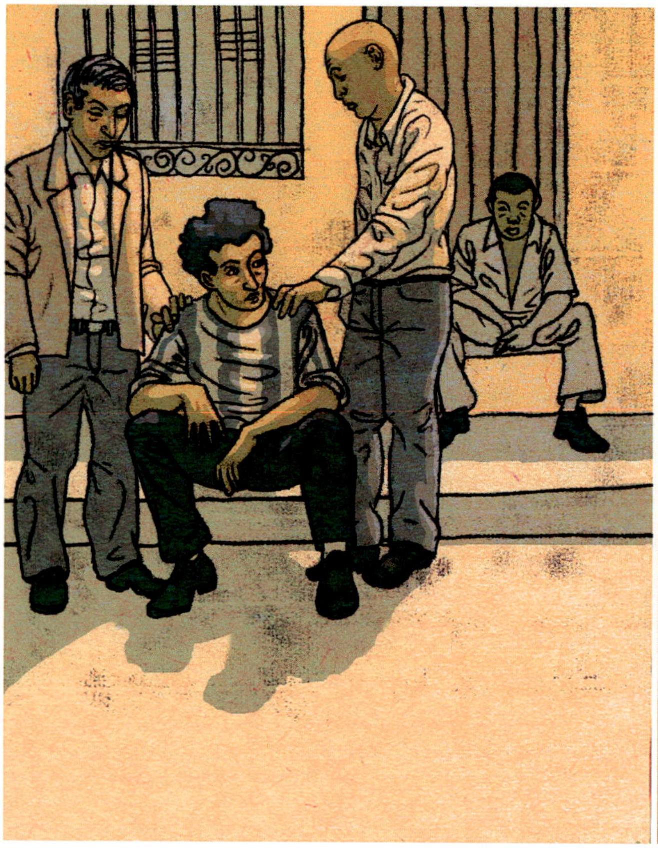

Wer mit uns geredet hatte, geriet in Schwierigkeiten. Und beim Abflug bekam auch der …

In der Calle Aguilera machen anderentags die weiblichen CDR-Mitglieder Pläne für die Zubereitung der Festtagssuppe. Virgen Gonzales führt uns eine zweite Auszeichnung vor, die dereinst ihren Sarg schmücken soll: die Medaille für hundertfaches Blutspenden. „Dafür gab es bestimmt eine Belohnung", sagt eine Nachbarin. „Natürlich", antwortet Virgen Gonzales, „einen Ventilator mit Lampe. Und eine Ferienreise auf die nahe Isla de la Juventud." Die Insel der Jugend.

WIE SCHÜTZENVEREINE sind die Komitees zur Verteidigung der Revolution organisiert, mit Präsident, Vizepräsident und Kassierer. Zum Vorstand gehört auch ein „Politiker", der die Genossen ideologisch auf der Spur hält. Das Komitee, jeweils zuständig für einen Straßenblock, organisiert Impfkampagnen und sorgt für die korrekte Mülltrennung. Nach den Wirbelstürmen waren es die CDRs, die in Fronarbeit die Schäden wegräumten. Eigentlich sollten die Komitees auch den Schlaf der braven Bürger ermöglichen, also Nachtwache halten. Dieser Brauch aber hat sich, mangels Feinden, weitgehend verloren.

Die CDRs besitzen nicht das uneingeschränkte Vertrauen der Regierung. In jeder Straße gibt es einen Spitzel, der Auffälliges direkt der Polizei meldet. Das lokale Komitee erstattet seinen Bericht hingegen jeden Morgen einem Kontrolleur der CDR-Verwaltung. Das ist die Aufgabe, die Virgen Gonzales viele Jahre lang hatte.

Was macht das Komitee mit Nachbarn, die nicht der Organisation angeschlossen sind, will ich von ihr wissen. Die seien benachteiligt, antwortet sie, wenn es neue Haushaltsgeräte zu verteilen gebe. Kochtöpfe zum Beispiel oder Kühlschränke. „Aber sonst", beschwichtigt sie, „kein Problem, solange sie sich nicht auffällig verhalten." – Und wenn doch? – „Versuchen wir es mit politischer Erziehung. Damit nicht die Repression auffährt und Unruhe ins Quartier kommt." – Und all die Leute, die Kuba verlassen? – „Sie suchen eine bessere Welt, warum nicht? Aber für uns ist die Welt, die wir haben, gut genug."

Keine Angst vor der Zukunft, Virgen? – „Warum sollte ich? Wir haben harte Zeiten erlebt, und niemand ist gestorben. Wir sind sicher auf der Insel – oder hast du vielleicht etwa anderes gesehen?"

Zwei Tage vor dem geplanten Fest kommt Jonathan Torgovnik in Santiago an, der Fotograf aus New York. Man befragt ihn am Flughafen zwei Stunden lang, vielleicht eingedenk dessen, was Fidel Castro einst anlässlich der Gründung der CDRs gesagt hat: „Wenn das Volk sich organisiert, gibt es weder Imperialisten noch Lakaien der Imperialisten noch Bezahlte der Imperialisten noch Instrumente der Imperialisten, die sich bewegen können."

Aber wir sind Gäste des organisierten Volkes, und deshalb machen wir uns weiter keine Gedanken. Jonathan hat ein Journalistenvisum beantragt. Wegen des Hurrikans, so wurde ihm in der kubanischen Botschaft versichert, sei es nicht rechtzeitig eingetroffen. Deshalb ist er als Tourist eingereist.

... Fotograf eine Standpauke. Jorge, unser kubanischer Freund, ist unter Beobachtung – aber frei

Der Fotograf ist begeistert von Virgen Gonzales, Auge, Ohr und Herz der kubanischen Revolution, und fotografiert ausgiebig. Mittags fahren wir in sein Hotel zurück. Der Parkwächter flüstert uns eine Warnung ins Ohr: Ein roter Lada sei seit dem frühen Morgen hinter uns her.

Das gibt uns einen Vorwand, Santiago zu besichtigen. Wir flanieren durch die Gassen; ein Schatten folgt uns, schaut interessiert in Schaufenster. Wir fahren zur alten Festung „El Morro", die lange Jahre den Eingang zur Bucht vor Piraten schützte. Hinter uns ein Lada, manchmal ein roter, manchmal ein blauer. Wir suchen Hilfe bei der Schutzpatronin von Kuba, „La Virgen de la Caridad del Cobre", am populärsten Wallfahrtsort des Landes. Jetzt sind bereits drei hinter uns her: ein roter, ein blauer und ein grüner Lada.

Zurück in Santiago essen wir im Restaurant „Las Gallegas", und hier wird es absurd: Ein Pärchen setzt sich an den Nebentisch und kann nur schlecht verbergen, dass seine Küsserei gespielt ist.

ANDERENTAGS ruft uns eine Nachbarin aus der Calle Aguilera an: Die Staatssicherheit ist aufgefahren und hat Virgen Gonzales, CDR-Gründungsmitglied, Majorin der Reserve, Mitglied der Nationalversammlung, zum Verhör geladen. Grund: Kontakt mit einem verdächtigen Amerikaner.

Tränen und Verzweiflung an der Calle Aguilera. Ich will hinfahren, um die Sache zu klären, aber das Komitee lehnt ab. „Das macht alles nur schlimmer. Diese Leute sind nur fähig, das Allerschlechteste zu denken." Spionage, Aufwiegelung der Massen, Fluchthilfe, Drogenhandel.

Ab jetzt gefährden wir alle, mit denen wir Kontakt haben. Das Interview mit Haydée Beatriz Rodríguez ist nicht mehr möglich. Serafim bittet, auf die Nennung seines vollen Namens zu verzichten. Er hat Angst, es könnte sonst Hindernisse geben bei der Zimmervermietung.

Jonathan Torgovnik, Fotograf ohne Arbeitsbewilligung, bekommt an der Rezeption seines Hotels eine Einladung, sich bei den Immigrationsbehörden zu melden. Dort wird er nochmals ausgiebig verhört, dann muss er in die USA zurück.

Ich fahre mit Jorge nach Havanna. Einen Tag nach meiner Abreise aus Kuba wird auch er zum Verhör geladen und zwei Tage lang festgehalten. Die Beamten der Staatssicherheit freuen sich an seinen prächtigen Goldzähnen. „Wir möchten nur wissen, wie lange sie dir bleiben, wenn wir dich mit ein paar schweren Jungs in eine Zelle stecken", sagen sie. Jorge wiederholt nur, was er immer gesagt hat: dass der Amerikaner nichts anderes im Sinn hatte, als ein Fest des Komitees zur Verteidigung der Revolution zu fotografieren.

Als ich ihn später anrufe, lacht er schon wieder. „Mach dir bloß keine Sorgen. Du weißt doch: der Geist Kubas. Viel Angst, viel Aufregung, und dann bleibt doch alles wie immer." ■

Ruedi Leuthold, 56 (links), kennt Kuba von etlichen Reisen – aber nie zuvor wurde er so massiv bedrängt. Zeichner **Andreas Gefe**, 42 (rechts), ließ sich von ihm und Fotograf **Jonathan Torgovnik**, 39, das Erlebte schildern.

Weltmacht aus dem Hinter

»Boxen passt zum kubanischen Charakter«, sagt der legendäre Trainer Alcides Sagarra. »Wir sind tapfer, resolut und selbstlos. Und wir lieben es, zu kämpfen«

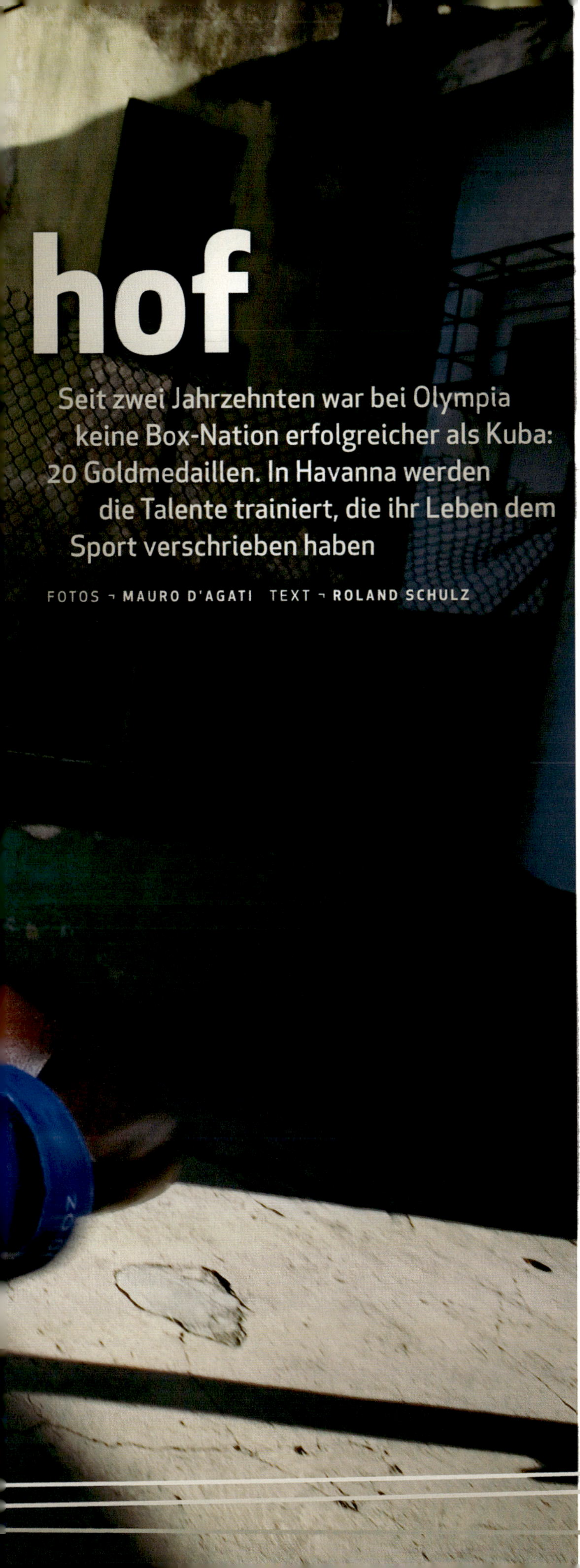

hof

Seit zwei Jahrzehnten war bei Olympia keine Box-Nation erfolgreicher als Kuba: 20 Goldmedaillen. In Havanna werden die Talente trainiert, die ihr Leben dem Sport verschrieben haben

FOTOS ¬ MAURO D'AGATI TEXT ¬ ROLAND SCHULZ

ER SPRICHT AUF EINE ART, die unwillkürlich zum Zuhören erzieht. Seine Sätze folgen einer eigentümlichen Melodie, die Worte scheinen zu traben. Seine Stimme aber ist ein Wechselwesen. Manchmal hat er einen vor sich, den bellt er an wie ein scharfer Hund. Manchmal einen, zu dem spricht er wie auf Zehenspitzen. Seine Stimme ist sein wichtigstes Werkzeug. Er trainiert Boxer.

Leichtfüßig läuft er die Treppen des Hauses hinab, in dem seine Klause liegt, ein von der Wohnung getrenntes Zimmerchen, in dem ihn seine Frau mit seinen Büchern über das Boxen in Ruhe lässt. Gestern hat ihm der Verband wieder eines geschickt, neue Trainingslehre, aus dem Ausland, er las bis spät. Als er erwachte, notierte er: Hälfte Unsinn, Hälfte altbekannt.

Seine Meinung ist noch immer gefragt, er zählt zu den Veteranen unter den kubanischen Boxtrainern. Venezuela, Mexiko, Nicaragua: seine Stationen. Sonst immer: La Finca. So lautet der Spitzname des Trainingscamps der kubanischen Nationalstaffel außerhalb von Havanna. Er war dort lange Jahre Trainer. Er sagt, er habe aufgehört, weil er keine Lust mehr hatte, jeden Morgen hinausfahren zu müssen. Vielleicht war es so. Vielleicht nicht. Er redet nicht darüber. Er ist jetzt Ende fünfzig. Er trainiert wieder Kinder.

Vorsichtig tritt er aus dem Schatten des Treppenhauses in die Sonne. Seit Wochen reißen sie seine Straße in der Altstadt von Havanna auf, überall Schlaglöcher. Aus den Gullys schlägt ihm ein Pesthauch entgegen. Die Häuser stehen verwittert, die Balkone sind morsch. Guter Boden, sagt er. Er meint: eine Gegend, in der Boxer gedeihen.

Seine Gestalt ist gedrungen, das schwarze Haar kurz geschoren. Seine Mundwinkel sind nach unten gezogen, was ihm das mürrische Aussehen eines abgekämpften alten Mannes gibt. Aber kein Eindruck könnte falscher sein. Seine Augen sind stets wach, seine Bewegungen geschmeidig; er hat die Behändigkeit des Boxers nicht verloren.

Zwei Blocks weiter schellt er an einer Tür, nennt seinen Namen. Die Tür öffnet sich: ein Wohnzimmer, dahinter ein Schlafzimmer, dann eine Treppe. Er steigt sie hinauf, am Geländer hängt ein Sandsack. Oben ein Zwischengeschoss, illegal ausgebaut, ein Spiegel an der Wand, in der Ecke Springseile. Keine Fenster. Die Luft steht im Raum, stickig und heiß.

Meine Schmiede, sagt er. Hier forme er Champions. Er habe Mexikaner, Franzosen, einen Engländer, einen Japaner gar. Das ist der Grund, weshalb er keinen Namen hat in dieser Geschichte. Es war seine Bedingung. Er hat Angst, weil das Trainieren von Ausländern kubanischen Boxtrainern ohne ausdrückliche Erlaubnis verboten ist. Er macht es trotzdem. Seine Schüler kommen von weit her, um Trainer wie ihn zu sehen, die kubanische Boxschule gilt als die beste der Welt. Dieser Ruf zahlt sich aus, in seinem Fall sind es fünf Pesos Convertibles pro Tag und Schüler, etwas mehr als vier Euro. Ein Witz für Boxer aus Europa. Viel Geld in Kuba.

Die Türglocke läutet. Die Treppe herauf kommt ein junger Mann von stämmiger Statur, den er mit Handschlag grüßt. Mexikaner, sagt er. Ein zweiter Boxer kommt, Engländer. Ein dritter. Franzose. Schweigend winden sie sich Bandagen um →

die Hände. Dann wollen wir mal, sagt er. Die Boxer heben ihre Fäuste und beginnen, sich in kleinen, schnellen Schritten zu bewegen. Sie sind jetzt zu sechst. Junge Männer, vielleicht 20 Jahre alt, die Körper in Kraft. Sie gleiten über den gekachelten Boden, vor dem Gesicht die Fäuste, die Augen fest auf ein Ziel gerichtet, das sie allein sehen. Niemand schlägt.

Er lässt sie warten. Er will erst nur ihre Beine und deren Arbeit sehen. Legt los, sagt er plötzlich. Sofort schnellen ihre Fäuste, wie von der Leine gelassen. Es gefällt ihm nicht. Ruhig, sagt er, ruhig. Im Grunde mag er es, wenn seine Boxer gierig auf Aktion sind. Aber wenn sie einen Boxkampf über sechs oder acht Runden durchstehen wollen, müssen sie lernen, ihre Gier im Zaum zu halten.

Er springt geradewegs zwischen sie, seine Stimme ist schroff und er ruft: Was soll das? Boxen ist Rhythmus! Wenn du läufst, läufst du in deinem Rhythmus! Wenn du Seil springst, springst du in deinem Rhythmus! Wenn du schlägst, schlägst du in deinem Rhythmus! Rhythmus, Rhythmus, Rhythmus! Sein Gesicht ist jetzt zornig, sein Ärger aufgeflammt wie eine Fackel. Auf den Fußballen federnd, schlägt er jetzt auch selbst. Leichter Hand schnippt er seine Schläge aus den Schultern, der ganze Mann Spannung und Lockerheit zugleich. Seine Stimme, das Wandelwesen, ist schon wieder sanft, leise singt er zum Rhythmus seiner Schläge die Kombinationen; tack, tack, tack-tack.

BOXEN, SAGT ER, sei in seinen Augen sehr vieles. Kunst. Eleganz. Musik. Kontrolle. Schönheit. Boxen, sagt er, sei sein Leben. Er hat mit neun Jahren begonnen. Seine Mutter hatte es nicht mehr ertragen, dass er ihre Kopfkissenbezüge mit Lumpen füllte und an die Wäscheleine hängte, um auf sie einzuprügeln. Also erlaubte sie ihm, zum Training zu gehen. Seitdem gab es für ihn nicht einen Tag ohne Boxen. Ein Privileg, sagt er, wie es kein größeres gebe im Leben: genau das tun zu dürfen, was man liebe.

Der Atem der Boxer kommt nun stoßweise, die T-Shirts, schwer von Schweiß, kleben an ihren Körpern. Er hat sie zehn Runden lang gehetzt, Schattenboxen, immer drei Minuten, bis ihre Bewegungen flüssig wurden und die Beine flink.

Jeder Boxer ist eine eigene Welt, sagt der Trainer. Meine Aufgabe ist es, sie zu entdecken

Jetzt sind sie heiß. Jetzt sind sie bereit. Er befiehlt ihnen, sich Handschuhe überzustreifen.

Mit 19 hatte er schon mehr als 100 Kämpfe. Er sagt, er sei kein guter Boxer gewesen. Das sagt viel über seine Standards. Er kämpfte zweimal um die kubanische Meisterschaft im Leichtgewicht. Dann suchten sie unter allen Boxern, die in ihrer Technik herausragten, neue Trainer. Ihn schickten sie auf die Sportakademie. Dort war er so ehrfürchtig, dass er in der ersten Zeit kaum den Mund aufbekam. Sein Lehrmeister fragte ihn, was er erreichen wolle. Vielleicht eines Tages einmal so viel über das Boxen zu wissen wie Sie, antwortete er. Was für ein Schwachsinn, fuhr ihn der Lehrer an: Wenn er nicht vorhabe, ein mindestens doppelt so guter Trainer zu werden wie seine Lehrer, könne er sofort seine Tasche packen. Er sagt, er habe das niemals vergessen.

Die Boxer stehen nun Angesicht zu Angesicht. Verschanzt hinter ihren Handschuhen, umkreisen sie sich, den Blick auf die Augen des Gegners geheftet. Sie belauern sich. Sehen sie Chancen, feuern ihre Fäuste. Durch den Raum klingt ein sattes Schmatzen, wenn eine Faust aufs Fleisch trifft.

Die besten Boxer gewinnen Ruhm und Ehre, erhalten aber nur ein mageres Gehalt. »Was sind schon eine Million Dollar«, so Champ Teófilo Stevenson, »verglichen mit fünf Millionen Kubanern, die mich lieben?«

Er hat für jeden einen eigenen Ton. Dem Bulligen, der bissig in seinen Gegner springt, begegnet er spöttisch. Söhnchen, sagt er, und was ist mit Deckung? Wenn du von 100 Kämpfen 99 gewinnst, aber dich erkennt keiner mehr, weil dein Gesicht eine Wüste ist, was hast du dann gewonnen? Dem Stillen, der vor Schlägen unbewusst den Blick senkt, tritt er brüderlich gegenüber. Sicht ist Kontrolle, sagt er leise, verschenk sie nicht.

Sein Lehrmeister, sagt er, habe ihn damals entdeckt, als der Mensch, der er war: ein ewiges Talent, dessen Ehrfurcht alles andere verschüttet hatte, selbst den Ehrgeiz. Sein Lehrmeister, sagt er, habe ihn entfacht. Da hatte er fürs Leben gelernt. Jeder Boxer ist eine eigene Welt. Entdecke sie. Dann erwecke sie.

Er ging Kinder und Jugendliche trainieren, ein Jahr später führte er seinen ersten Kämpfer zur Meisterschaft. So wurden sie in der Nationalstaffel auf ihn aufmerksam. Er sagt, wann immer man ihn im Ausland fragte, was das Geheimnis hinter den Erfolgen der Boxer Kubas sei, habe er geantwortet: Wie →

OBEN Training bis zur Erschöpfung. In der Escuela Ponce Carrasco wird der Nachwuchs aus dem Stadtviertel »Cayo Hueso« herangezogen. Ein hartes Viertel. Ein Viertel, in dem Boxer gedeihen, sagen die Trainer. **UNTEN** Ärmlich wirkt das »Gimnasio Rafael Trejo« in Havanna. Doch die kleinen Kämpfer stört das nicht: Sie kennen es nicht anders

OBEN »Kubanische Boxer können deine Angst riechen«, sagt ein amerikanischer Kämpfer. »Sie machen dich psychologisch platt.« Ihre eigene Angst zu verlieren, lernen die Kids von klein auf. **UNTEN** Viele Jugendliche träumen davon, als Profi reich zu werden. Aber nur wenige haben Erfolg – sobald sie Kuba verlassen, scheinen sie Fokus und Konzentration zu verlieren

kubanische Trainer über Boxen denken, das ist einfach eine eigene Welt. Er glaube nicht, sagt er, dass es jemand begriff.

Es ist Mittag, als er den ersten Teil seines Tagwerks vollbracht hat. Er schlendert durch die Straßen, wird viel gegrüßt. Er hat die Väter und Söhne dieses Viertels trainiert; inzwischen, sagt er, seien die Enkel dran. Es ist wie ein Ritual in Kuba: Wenn im Sommer die Ferien enden, beginnt überall im Land das tägliche Boxtraining für Schüler. Fast jeder Ort, jedes Viertel hat ein Zentrum, in dem staatliche Trainer wie er die Masse der Kinder nach Talenten durchforsten.

Was willst du mal werden, Lázaro?, fragt der Trainer. Der Junge zögert keine Sekunde: Champ

Als er die Halle erreicht, sind die Ersten schon da. Sie kommen direkt von der Schule. Kleine Kerle, sieben, acht Jahre alt, die voller Achtung zu ihm aufblicken. Frischlinge. Haben vor wenigen Tagen erst angefangen. Er prüft sie noch. Du da, sagt er und deutet auf einen Jungen, der sich zwischen seine Freunde duckt. Seine Stimme ist jetzt mild. Wie heißt du? – Lázaro. – Und, wie gefällt dir Boxen? – Ist mein Lieblingssport. – Ist dein Lieblingssport. – Ja. – Was willst du denn mal werden, Lázaro? – Champ. – Wirklich? Weißt du, was es braucht, um Champ zu werden? – Viel Training. – Mordsmäßig viel Training. – Ja. – Du bist dünn. – Ja. – Keine Sorge. Wir kriegen dich schon stark.

Er hat dem Jungen das ganze Gespräch über ins Gesicht gesehen. Er sagt später, es habe ihm gefallen, was er sah. Er lässt die Kinder stets ihre Wünsche nennen, zehn Stück, wie an Weihnachten. Wenn er unter den ersten sechs keinen Wunsch findet, der das Boxen betrifft, weiß er, der will nicht wirklich boxen. Er trainiert ihn trotzdem; das sei seine Pflicht, sagt er. Aber sein Augenmerk gilt immer den anderen, den Hungrigen. Lázaro, den Namen merkt er sich.

NACH UND NACH kommen die restlichen Trainer ins Boxzentrum. Sie sind zu siebt. Wie blindlings streunen sie rund um den Ring, ein zerzaustes Gerät, dessen Bretter bei einem Kampf ächzen wie ein Segelschiff im Sturm. So sehen sie sich vor dem Training unauffällig die Kinder an, die um sie herumtollen. Dann ist es Zeit. Einer der Trainer ruft: Aufstellung! Es klingt wie ein Befehl, und das ist es auch. Die Kinder stehen in Reih und Glied. Seid ihr bereit zum Training?, ruft der Trainer. Bereit!, schmettern die Kinder zurück. Sie lieben diesen Teil.

Mit unbewegtem Gesicht wachen die Älteren darüber, wie sich die Jungen aufwärmen. Es ist nicht wichtig, sie stehen erst am Anfang, außer einfachen Grundlagen werden die Kinder an diesem Tag nichts lernen. Aber niemals würden die Trainer ihnen den Eindruck geben, es sei nicht entscheidend, was hier geschieht. Mit großem Ernst erklären sie, was ein Boxer wissen muss. Wie man steht: immer in Deckung, Führhand voraus, Schlaghand am Kinn. Wie man geht: immer auf den Fußballen, wendig und flink. Wie man schlägt: immer aus den Beinen, das ganze Gewicht in den Hieb gelegt.

Er hält sich abseits. Er schätzt es, vom Rand her zu wirken. Plötzlich tritt er auf Lázaro zu, geht vor ihm in die Knie. Er macht das oft so, er spricht mit den Kindern auf Augenhöhe. Pass auf, sagt er, ab jetzt, wann immer ich dich sehe, gibst du mir zwei. – Zwei? – Zwei Liegestütze. – Gut. – Dann los. Gib mir zwei. Der Junge springt zu Boden, pumpt zwei Liegestütze, springt wieder auf. Toll, sagt er. Wenn du in jedem Training ein bisschen mehr machst als die anderen, bist du am Ende des Monats so weit voraus, dass wir Sondertraining machen können. Der Junge nickt. Wie geadelt, reiht er sich unter den anderen ein. Sie haben es alle gesehen. Sie waren alle neidisch.

Als das Training endet, ruft er ihn zu sich. Er sieht ihn nur an. Lázaro versteht nicht. Da lächelt er. Ich seh dich, sagt er. Lázaro versteht. Wie vom Blitz getroffen, geht er zu Boden, zwei Liegestütze, strahlend steht er wieder vor ihm. Gut, gut, sagt er, verschwindet ohne ein weiteres Wort in dem kleinen Kabuff, das den Trainern vorbehalten ist, und wartet, bis alle nach Hause gegangen sind. Er lässt sich Zeit.

Dann tritt er hinaus. Vor der Tür des Kabuffs steht ein Junge. Lázaro, sagt er, als wäre er überrascht. Na, alles klar?, fragt er. Es ergibt sich, dass Lázaro den gleichen Weg hat wie er, wenigstens zwei Häuserblöcke weit. Sie gehen die Straße entlang, ein älterer Mann und ein kleiner Junge. Als sich ihre Wege trennen, hebt er seine Hand. Lázaro klatscht begeistert ab. Bis morgen, sagt Lázaro. Bis morgen, sagt er. Dann geht er seines Weges. Was habe ich gesagt, sagt er. Jeder Boxer eine eigene Welt. ■

Für GEO-Special-Autor **Roland Schulz**, 32, erfüllte sich ein Traum: Als leidenschaftlicher Gelegenheitskämpfer konnte er die kubanische Schule bisher nur aus der Distanz bewundern. Dagegen wurde Fotograf **Mauro d'Agati**, 40, von den Trainern bereits mit Handschlag begrüßt: Er verfolgt die Szene seit Jahren.

INFO

▶ ZUSCHAUEN

Boxen in Havanna

Gimnasio Rafael Trejo. In diesem Hinterhof boxen Kinder aus der Altstadt, das Training beginnt während der Schulzeit meist gegen 16 Uhr am Nachmittag und zieht sich bis in die Nacht. Einfach hingehen und nachfragen. *Calle Cuba 815, zw. Paula und Merced, Habana Vieja, Tel. 0053-7/862 02 66.*

Arena Kid Chocolate. Ein Tempel des kubanischen Boxens, eine dem legendären Kämpfer Eligio „Kid Chocolate" Sardiñas gewidmete Boxhalle in der Altstadt Havannas. Freitagabends gibt es meist Kämpfe, die auch für Nicht-Kubaner leicht zugänglich sind. *Prado, zw. San Martín und Teniente Rey, Habana Vieja, Tel. 0053-7/ 862 86 34*, Eintritt 4 €.

Coliseo de la Ciudad Deportiva. Meisterschaftswettkämpfe werden oft im Sportzentrum, etwa 20 Taximinuten von der Altstadt entfernt, abgehalten. *Vía Blanca, Ecke Av. Rancho Boyeros, Nuevo Vedado.* In der Arena residiert auch die **Federación Cubana de Boxeo**, *Tel. 0053-7/57 70 47.*

Ein Hoch auf das, was nicht getan, geplündert oder planiert worden ist: Parque Baconao im tiefen Südosten Kubas

Grün aus Versehen

Visionäre grüne Politik, verbreitete ökonomische Inkompetenz und ein Schuss roter Brutalität – diese spezielle Mischung hat aus Kuba das »nachhaltigste« Land der Welt gemacht. Eine saubere Erfolgsgeschichte?

TEXT ¬ PATRICK SYMMES

Kuba bewahrt den größten Artenreichtum der Karibik – auch dank der noch kaum erschlossenen Zapata-Halbinsel

Eine Pforte ins Paradies: Vor María la Gorda strömt kristallklares Tiefenwasser aus dem Kaimangraben

1

2

1 Neongrundel sind echte Karibikbewohner: Sie haben das Wasser gern warm, am liebsten wohlige 25 Grad. 2 Anolis-Echsen können ihre Farbe verändern. Eine Fähigkeit, die dem Tier den Beinamen »Chamäleon Amerikas« eingebracht hat. 3 Korallenriffe bieten im Norden Kubas, in den Jardines del Rey, Fischschwärmen Lebens- und Überlebensraum. 4 Kubakrokodile gibt es noch gut 4000, sie sind hoch gefährdet. Nur an der Südwestküste, im Sumpf von Zapata, vermehren sie sich weitgehend ungestört. Ebenso wie 5 der Bahamaspecht, der sein Nest in Palmhöhlen baut

3

5

4

Schier undurchdringlich: die Wälder der Sierra Maestra, in denen sich einst Fidel Castro und Ché Guevara versteckten

Grünreiher vor Grün:
Butorides virescens verrät
sich in den Mangroven-
wäldern von Cayo Coco nur
durch markante Rufe

Sie hausen in Riffen rund um die Insel: schreckhafte Klippfische, die sich gern in den Röhrchen toter Korallen verbergen

Der Schlüssel zu einer guten Reise ist, dass sie schlecht beginnt, finde ich. Meine Aussichten besserten sich also, als ich in der vierten Nacht meiner dreizehnten Reise auf Kuba von zwei jungen Männern überfallen wurde. Sie stießen mich gegen die Tür meiner Pension in Havanna, schnappten sich meine Geldtasche und sprinteten davon. Ich jagte ihnen durch das stille Stadtzentrum hinterher. Nach dem ersten Straßenblock schleuderte ich meine Schuhe von den Füßen und holte sie fast ein, aber es war zu spät. Die Jungen sprangen auf ihr Fluchtfahrzeug, eine „Fliegende Taube" – eines von jenen 1,2 Millionen Fahrrädern, die Kuba in den 1990er Jahren aus China importiert hatte, um von fossilen Brennstoffen auf umweltfreundlichen Transport umzusteigen.

Eine Fliegende Taube wiegt gut 25 Kilo, aber es ging bergab, und die Männer – einer trat in die Pedale, während der andere hinter ihm auf den Fußrasten stand – verschwanden unter lautem Quietschen in der Nacht. Aber auch nach einem unglücklichen Beginn gilt: Die Zukunft auf Kuba ist immer glorreich.

Es gibt auf der Welt ein Land, das wie aus Versehen durch und durch grün ist: Kuba. 2006 errechnete der World Wildlife Fund für 150 Länder der Erde, wie nachhaltig ihre Entwicklung ist, maß dafür Faktoren wie Erziehung und Lebenserwartung, aber auch den sogenannten ökologischen Fußabdruck, also den Ressourcenverbrauch des menschlichen Lebenswandels. Im daraus resultierenden Schaubild drängen sich arme, unterentwickelte Länder links unten, während rechts reiche, überkonsumierende Nationen aufragen. Einsam, rechts unten, steht Kuba: Nur hier, heißt das, entwickelt sich die Bevölkerung nachhaltig. Jedenfalls statistisch gesehen.

Kubas Revolutionsregierung ließ schon in den 1960er Jahren 348 Millionen Bäume pflanzen. Die Nationalversammlung verankerte nachhaltige Entwicklung in der Verfassung und wies ein Fünftel des Landes als Naturschutzgebiet aus. Überall auf der Insel wurden 15 Millionen chinesische Energiesparlampen installiert und stromfressende Kühlschränke gegen drei Millionen neue, umweltfreundliche ausgetauscht.

In einer Region, in der die Meere überfischt sind, natürliche Lebensräume zerstört und allgemein niedrige Umweltstandards gelten, stellt Kuba eine bemerkenswerte Ausnahme dar. Die Insel bewahrt die größte biologische Vielfalt der Karibik. Etwa die halbe Südküste besteht aus gesundem Mangrovenwald; das ist der größte dieser Art in der Karibik – und die größte Kinderstube für Fische. Und nirgendwo in der Region sind die Korallenriffe so unversehrt wie in Kuba.

Einen Moment bitte: Kuba? Seit ich über die Insel berichte, 15 Jahre lang, habe ich mir Erklärungen zu Kubas ökologischen Errungenschaften skeptisch angehört – die Realität vor Ort schien sie zu widerlegen. Internetseiten europäischer Naturschutzverbände verbreiteten Lobreden auf Kubas Windfarmen; ich fand die Strände der Nordküste verschmutzt mit Teer von einer heruntergewirtschafteten Ölindustrie. Der Direktor des „Center for Cuban Studies" erzählte mir, wie organischer Gartenbau Havanna begrüne; auf dem Land sah ich, wie rücksichtslose staatliche Landwirtschaft den Boden auslaugt.

Aber selbst ein zweifelnder Besucher wie ich muss zugeben, dass eine spezielle Mischung kubanischer Faktoren – völlige ökonomische Inkompetenz, visionäre grüne Politik und ein Schuss roter Brutalität – bewirkt hat, dass die Insel im 21. Jahrhundert über natürliche Vorzüge verfügt, die aus dem 19. Jahrhundert zu stammen scheinen. Und deshalb stellt sich auch mir die Frage: Kann Kuba uns möglicherweise echte Alternativen anbieten? Lektionen über einen umweltgerechten Lebensstil – und darüber, dass zur Not auch zwei Männer auf einem Fahrrad Platz haben?

Ein Tauchbegleiter, der schlechteste, der mir je begegnet ist, führte uns in die Gewässer vor der Westspitze Kubas. Er war ein Hallodri, wich unseren Fragen aus, sparte sich die Sicherheitsunterweisung, um stattdessen eine Zigarette zu rauchen. Über das Leben, dem wir unter Wasser begegnen könnten, sagte er: „Die Fische besprechen wir später."

Aber das Meer ... ah, das Meer. Wegen der dort eingespülten Flusssedimente ist das Tauchen vor Ostkuba nicht beeindruckend, aber hier im trockenen Westen, in einem kleinen Badeort namens María la Gorda, schaffen klare Auftriebsströme aus dem nahen Kaimangraben einige der besten karibischen Tauchgründe.

Der Tauchbegleiter führte uns zu einer schmalen Öffnung im Sand, einer Art Gletscherspalte im Meeresgrund, und ohne einen Blick zurück auf uns verschwand er darin. Es ging fast senkrecht hinunter. Die engen Wände der Schlucht waren von drei Meter langen Ästen schwarzer Korallen gesäumt – einer extrem langsam wachsenden und stark bedrohten Art, leider wegen unseres Guides nun in Gefahr, von irgendeinem Ignoranten im Tauchanzug abgemäht zu werden. →

Leuchtet in Guanahacabibes: Orchidee der Gattung *Broughtonia*

Feinster Sand, kilometerweit: Playa Ancón, der Hausstrand der Einwohner von Trinidad, ist noch weitgehend naturbelassen

Politisch trennen Kuba, Florida (links oben) und die Bahamas ganze Welten, ökologisch sind sie jedoch extrem vernetzt

An sich schien dieser Urwald ein Argument für Kubas Naturschutzpolitik zu sein. Der Welthandel mit schwarzer Koralle ist eingeschränkt, weil die Riffe vor den Kaimaninseln oder Yucatán geplündert worden sind. Doch als ich wieder zurück in Havanna war, sah ich im hoteleigenen Geschenkladen des Habana Libre Schmuck aus schwarzer Koralle für einen Dollar das Stück.

Es gelang mir, aus der Schlucht zu gleiten, ohne etwas abzubrechen. Ein Tintenfisch lugte unter einem Fels hervor; Korallenkelche waren über die Wände verstreut: ein gesundes Riff voller Leben in einem smaragdgrün-blauen Paradies. Als wir wieder beim Boot ankamen, stand der Tauchbegleiter schon auf der Brücke und rauchte. Eine Erklärung „der Fische" erhielten wir nicht. Als ich ihn, zurück an Land, nach seinem Namen fragte, schritt er kommentarlos davon. Verantwortung zu übernehmen ist die Sache der Kubaner nicht.

EIN PAAR TAGE SPÄTER bestieg ich, um 4.20 Uhr morgens, eine Iljuschin Turboprop – Hightech der 1950er Jahre. Ziel war die östliche Provinz Holguín. Nach einem verrauchten Flug begrüßte eine dröhnende Salsa-Band unsere Ankunft. Die anderen Passagiere, europäische Touristen, nahmen Busse in die Strand-Resorts, angeblich die luxuriösesten der Insel. Ich feilschte auf einem staubigen Parkplatz um den Vordersitz in einem alten Toyota-Jeep, der nach Moa fuhr, dem vermutlich dreckigsten von Kubas Küstenorten.

Für zehn Dollar, dreimal so viel wie die fünf Kubaner auf der Rückbank bezahlten, durfte ich die dreistündige Fahrt durch das Frontfenster genießen. Wir kletterten in die Sierra del Cristal hinauf, eine fast unberührte Landschaft. Bäche durchziehen versteckte Palmhaine, enge Täler wechseln mit weiten Ausblicken. Vor vier Jahren entdeckte hier ein Bauer ein ausgestorben geglaubtes Säugetier, den murmeltiergroßen Schlitzrüssler.

Unterwegs stieg ich vom Toyota in einen Oldtimer um, an dessen Stoßstange ein quietschendes Ferkel festgebunden war. Am Mittag kam ich in Moa an. Und in einer Fahrradrikscha machte ich mich auf die Suche nach den Umweltaktivisten im Untergrund. Die Kette des Gefährts sprang ständig ab; so musste der Fahrer alle paar Meter rückwärtstreten, damit sie wieder einrastete. Auf diese hoch symbolische Weise („Das ist Kuba!", rief uns jemand hinterher) krochen wir Moas Hauptstraße entlang und erreichten schließlich ein bescheidenes, über eine schmutzige Bucht geneigtes Holzhaus – das Heim von Silverio Herrera.

Er, ein 55-jähriger, asthmatischer Fotograf, hatte gerade Besuch: von Francisco Hernandez, 36 Jahre alt, auch er Umweltaktivist. Die beiden bilden ihre eigene kleine Bewegung. Sie haben nicht einmal ein Telefon; trotzdem werden sie schikaniert und immer wieder verhaftet.

Herrera und Hernandez waren zu Aktivisten geworden, weil die Zustände in Moa es erforderten: Ein kanadisches Unternehmen betreibt hier Metallhütten. In einem Anfall zentraler Planung ist die Stadt für 71 000 Einwohner dort gebaut worden, wo der Wind die Abgase der Fabrik hinweht. Das Ergebnis, klagte Herrera, seien eine Asthma-Epidemie und eine der höchsten Lungenkrebsraten des Landes. „Sogar Teenager trifft es." Er strich mit einem Finger über die Glasplatte seines Kaffeetischs und zeigte die schwarz verschmierte Kuppe. „Gestern erst habe ich den Tisch gewischt." Hernandez hat versucht, etwas auf dem Amtsweg zu erreichen. Er schrieb einen Brief. Männer von der Regierung kamen, warfen einen Blick auf den Nickelstaub, und danach hörte er nie wieder von ihnen. „Du kannst dich beschweren", sagte er, „aber es ist nur zu deinem Vergnügen." Kubas Umweltpolitik, so Herrera, sei „wie eine Frau, die Make-up aufträgt, aber nicht badet".

2006 hat Hernandez begonnen, die Erfassung aller asthmatischen Kinder zu organisieren, aber die Polizei kam viermal zu ihm nach Hause und ermahnte ihn, es bleiben zu lassen. In jenem Juni verprügelten ihn Sympathisanten der Regierung, und als er mit der Erhebung beginnen wollte, wurde er ins Polizeihauptquartier bestellt und dort getreten. Er zog sein T-Shirt hoch und zeigte mir eine lange weiße Narbe.

Wir mieteten einen donnernden Kombi aus den 1950er Jahren und fuhren zu den Raffinerien, durch eine Wüstenlandschaft aus roter Erde und gelben Schwefeldepots, über der sich Dampfwolken türmten. Auch das gehört zu Castros ökologischem Erbe.

SCHLIESSLICH MUSSTE ICH WEG AUS MOA: Alle drei Hotels wiesen mich ab, aber die Busse waren schon weg, und es gab keine Autos zu mieten. Bei Einbruch der Dunkelheit begleitete Hernandez mich zur Fernstraße vor der Stadt, wo ich bis elf Uhr abends wartete, einer von 30, die alle darauf hofften, dass jemand sie mitnahm. Schließlich schlug der geduldige Hernandez vor, ich solle illegal in seinem Haus übernachten. Wir gingen heimwärts – zu Fuß, null Kohlenstoff-Emission – und kamen noch vor Mitternacht zu dem Haus mit den drei Zimmern, das Francisco →

Misst gerade mal einen Zentimeter: *Eleutherodactylus iberia*

Harmonischer Wuchs und mehr als drei Meter lange Blätter: Die Königspalme, auch im Zapata-Sumpf zu finden, gehört zu Kubas stattlichsten Bäumen

Hernandez mit seiner Frau, seinem Bruder, seiner Nichte und seiner Mutter teilt. Die Mutter saß auf einem rostigen Zahnarztstuhl vor der Tür und rauchte eine Zigarre.

Ich duschte auf die kubanische Art – mit einem Eimer Wasser, einem Becher und einem Lappen – und legte mich auf das beste Bett der Familie, eine Matratze aus gespannten Seilen, durch die abgebrochene Federn stachen. Moskitos, Windstöße und dann sogar Regentropfen drangen durch die Bretterwände. Aber pfeif auf die Luxushotels! Dies war das Kuba, das ich liebte: großzügig und kämpferisch, prinzipientreu und ruiniert, hitzköpfig, barfuß und mitreißend lebendig. Weder Zynismus noch Präzision kommen gegen diese romantische Mischung aus Genie und Chaos, Mythologie und Selbstwidersprüchen an.

Zu erschöpft, um einzuschlafen, lag ich eine Stunde wach und zählte Glasflaschen. In einer Ecke waren 42 gestapelt: Wie alle Menschen in Kuba spülte die Familie Hernandez sie sorgfältig aus und verwendete sie wieder. Kuba ist weniger eine nachhaltige Gesellschaft als eine präkonsumistische. Jeder geht zu Fuß oder fährt Fahrrad. Die Müllcontainer sind leer, weil praktisch alles repariert, verkauft, eingetauscht oder an die Schweine verfüttert werden kann.

Nur die Not hat Kuba grün gemacht, und vielleicht besteht darin die wahre Lehre der Insel: kein Transport. Keine Werbung. Keine Energie. Kein Abfall, kein Prestigekonsum und auch sonst kaum Konsum. Keine Wirtschaft zu haben ist, eine grüne Wirtschaft zu haben.

Castro mag für das, was er tat, zur Hölle fahren, aber falls er in den Himmel kommt, dann vielleicht für das, was er nicht getan hat – was nicht geplündert, zerstört, verschmutzt oder asphaltiert worden ist.

NACH MEINEM BESUCH im Tauchparadies María la Gorda war ich im Mietwagen noch weiter Richtung Westen gefahren, die letzte lange, mit Schlaglöchern übersäte Straße hinaus bis an den westlichsten Punkt der West Indies, nach Cabo San Antonio. Hier hat ein wirklicher Dinosaurier, *Chelonia mydas*, die grüne Meeresschildkröte, einen seiner wenigen Zufluchtsorte in der Karibik gefunden.

Das Land war flach, buschig und herb. Nach stundenlangem Suchen entdeckte ich zwar keine Schildkröte, aber einen schlanken, sonnenverbrannten Kubaner, der eine Badehose und einen Cowboyhut trug. Überrascht wie ich, hier überhaupt jemanden zu treffen, schlenderte er vom Strand herauf.

Rolando Díaz war ein 42-jähriger Naturwart; Experten wie er und Studenten der Universität Havanna bewachen im Auftrag der Regierung in 15-Tage-Schichten acht Strände, an denen die grüne Schildkröte ihre Eier ablegt. Díaz zeigte mir sein Camp: ein Zelt, ein Radio, eine Zisterne. „Wir versuchen, die Schildkröten zu retten, damit meine Enkel sie noch sehen können", sagte er. „Wir haben schon bis zu 130 beobachtet, nur an diesem kleinen Strand, aber dieses Jahr kommen wenige. Etwas stimmt nicht."

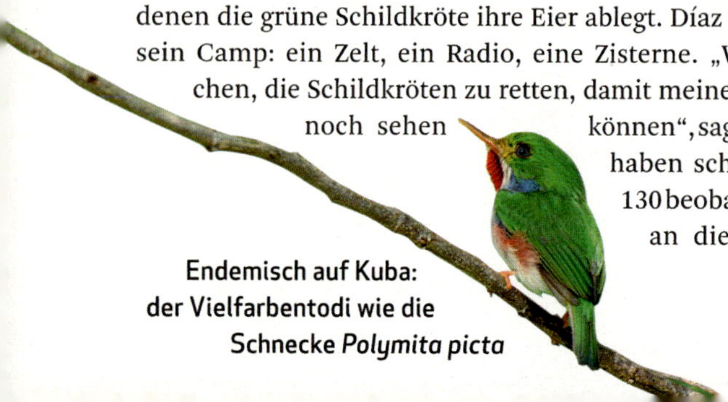

Endemisch auf Kuba: der Vielfarbentodi wie die Schnecke *Polymita picta*

▶ NATURPARKS

Das Beste unter und über Wasser

Wie keine andere Insel in der Karibik verfügt Kuba über Nationalparks (auf der Karte dunkelgrün markiert) und Schutzgebiete (hellgrün), in denen die Natur sich selbst überlassen bleibt. Überblick in Spanisch unter *www.snap.cu*.

❶ **Alejandro de Humboldt.** Das bergige Gebiet mit einer Fläche von mehr als 70 000 Hektar gilt als Kubas wichtigste Schatztruhe der Artenvielfalt und beheimatet eine hohe Zahl endemischer Arten. Individuelle Touren und Wanderungen organisiert das Besucherzentrum in Bahía de Taco, *Tel. 0053-21/38 14 31*.

❷ **Guanahacabibes.** Vor María la Gorda lassen sich spektakuläre Korallengärten entdecken (Tauchzentrum, *Tel. 0053-82/77 13 06*). Transtur bietet Kleinbustransporte von und nach Pinar del Río (*Tel. 0053-82/77 82 78*) und Viñales (*Tel. 0053-8/79 60 60*).

❸ **Jardines de la Reina.** Die „Gärten der Königin" sind eine Kette unberührter Sandinseln. Die touristische Erschließung liegt exklusiv bei Avalon, *Tel. 0053-5/286 18 18, www.avalons.net*. Auskunft auch beim Centro de Investigaciones Medio Ambientales, *Céspedes, Ecke Carretera Central, Camagüey, Tel. 0053-32/29 8268, bombino@cimac.cmw.inf.cu*.

Die größte Bedrohung stellten nicht Bauprojekte oder Raubfische dar, so Díaz, sondern normale Kubaner. Als eine Wache einmal einen einzigen 15-Tage-Turnus ausgelassen hatte, verspeisten hungrige Dorfbewohner etwa 70 Schildkröten. „Wir kommen aus Havanna und sagen den Leuten: ‚Esst keine Schildkröten, es sind nicht mehr viele übrig'", meinte Díaz. „Und sie antworten: ‚Von uns auch nicht.' Es ist schwierig, in einem armen Land Naturschutz zu betreiben. Es ist schwierig, ein Umweltschützer in Kuba zu sein." Díaz' Gehalt beträgt 350 Pesos im Monat, 12 Euro. Sein Bruder ist als Leiter des Schildkrötenprogramms zu einer Konferenz nach Griechenland gereist und nicht zurückgekommen.

Ich hielt die ganze Nacht mit dem Schildkrötenschützer Wache. Wir saßen am Strand und hörten zu, wie sich die Wellen brachen. Díaz hatte die Eloquenz eines Mannes, der 15 Tage lang auf eine Unterhaltung gewartet hat. Den Ozean nannte er seinen „Freund, er ist schön über und unter Wasser. Das ist meine Welt, das schöne Meer. Wenn ich wiedergeboren werden könnte, möchte ich ein Fisch sein, ein Wal, sogar ein Hai. Ich liebe sie alle." Nach einer Weile ging Díaz ins Zelt, aber ich blieb. Spazierte am leeren Strand entlang, Stunden ohne Licht, Verkehr, Menschen, Boote oder irgendetwas sonst außer dem Meer und seinen Geheimnissen – über und unter Wasser. ■

Patrick Symmes, 44, lebt in New York. In seinem jüngsten Buch, „The Boys from Dolores", zeichnet er die Lebensgeschichten von Fidel Castros Klassenkameraden nach.

RHYTHMUS

Salsa und »Buena Vista« sind von gestern: Kubas Jugend hört Reguetón. Einen Musikimport, der derb und extrem ungezogen ist

FOTOS ¬ MAURO D'AGATI TEXT ¬ JÜRGEN SCHAEFER

Schalthebel der Macht Der Discjockey entscheidet, was das Partyvolk zu hören bekommt. **Cooler Auftritt** Eddy-K-Sänger Damian Aguirre (hinten) rappt in der Diskothek des Habana-Libre-Hotels mit einem Gast

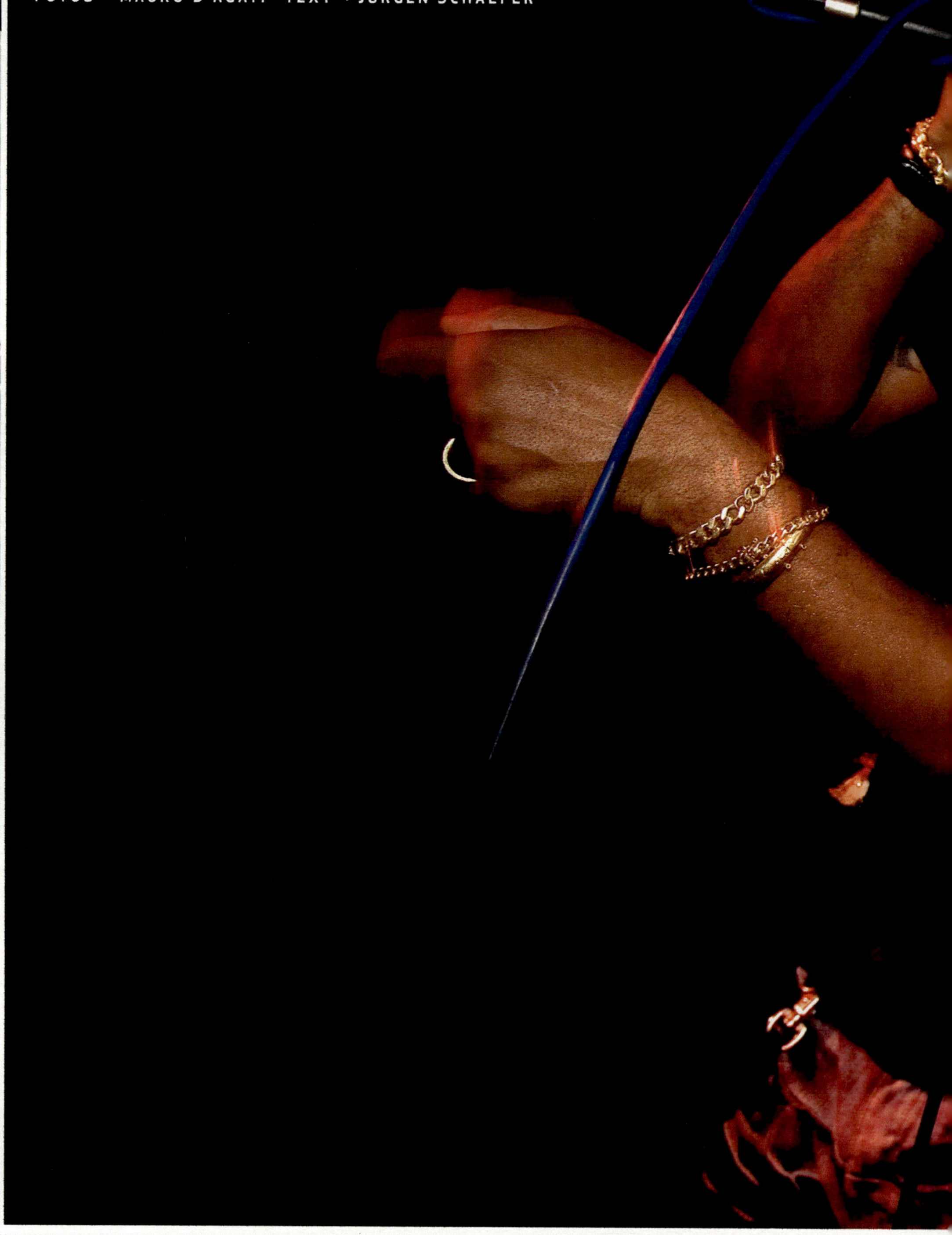

REVOLUTION

FÜR DIE NEUE JUGEND ZÄHLT NUR EINES: SPASS HABEN

Völker, hört die Signale! Mit humorlosen Helden in zugeknöpften olivgrünen Uniformen kann Kubas Jugend immer weniger anfangen. Im Reguetón dominiert Unterschicht-Protz: dicke Goldketten, wilde Tattoos und leicht bekleidete Frauen – auch in der Künstlergarderobe der Kultband »Gente d' Zona«

KUBA OHNE MUSIK: für einen Moment ist es, als würde das Herz aussetzen. Eben noch funkelte der Wohnblock neongrün, aus allen Fenstern drangen Gelächter und Musik, fröhlich, laut, kakofonisch. Dann fällt plötzlich der Strom aus, erlöschen alle Lampen, und der graue Klotz liegt reglos im Abendlicht. Stille. Alamar, Havannas Betonvorstadt, scheint mitten im Leben erstarrt zu sein.

Drinnen im Wohnblock sitzt Yasser Vera in seinem Schlafzimmer und fährt fluchend, nachdem der Strom zurückgekehrt ist, den Computer wieder hoch. Es ist schon der dritte Stromausfall an diesem Tag; und bei jedem Wiedereinschalten muss Vera fürchten, dass Spannungsspitzen den Rechner verschmoren. Für die Musikszene der Vorstadt wäre das eine Katastrophe.

Auf einem schmalen Stuhl in Yasser Veras Schlafzimmer kauert Angel Luis Aguiar, 20 Jahre alt, Sänger und Student des Englischen, gesegnet mit den sanften Augen eines Enrique Iglesias. Er hat ein rosafarbenes Schulheft auf den Knien und kaut auf einem Kugelschreiber. Aus bittersüß gebrochenem Herzen schreibt er am Text für einen Background-Chorus, womöglich nicht ganz ehrlich mit sich selbst: „Ich sah dich gestern Nacht / mit einem anderen / doch es tat mir nicht weh." Am Mikrofon neben dem Bett schlägt Yoandri Hodelin, 26, Automechaniker, ein schlaksiger Schwarzer im Muskelshirt, auf ein imaginäres Schlagzeug ein. Aguiar und Hodelin nennen sich „Stiki & Showy"; auf ihrer selbst produzierten CD posieren sie mit Sonnenbrillen vor dem Foto eines amerikanischen Sportwagens.

Als es der Computer wieder tut, schiebt Yasser Vera Musikbausteine hin und her, schnell wie ein Hütchenspieler. Hier in der Vorstadt nennt ihn niemand bei seinem Taufnamen; in Alamar wird Yasser Vera ehrfürchtig „El Alacrán" gerufen, „der Skorpion", nach einer Tätowierung auf der linken Schulter. Sein Schlafzimmer fungiert als Aufnahmestudio für die Bands aus Alamar, sein schwarz kopiertes Computerprogramm aus Deutschland als Mischpult. Für umgerechnet 15 Euro produziert El Alacrán Songs, die zu Hits werden. Sie gehören allesamt demselben Genre an: Reguetón.

GANZ KUBA HÖRT REGUETÓN: die eine Hälfte freiwillig und ohrenbetäubend laut, die andere unfreiwillig. Vor gut zehn Jahren tauchten die ersten Platten in Santiago de Cuba auf, und seitdem hat sich die Musik auf Kuba verbreitet wie der Marabú- →

Die Stars Acento Latino haben ihr Repertoire komplett auf Reguetón umgestellt: »Das Publikum will nichts anderes mehr hören.« ***Die Vorstadt-Reguetoneros*** Stiki, Showy und Alacrán (rechts oben) produzieren im Schlafzimmer. ***Open-Air-Konzert in Alamar*** Feiern (rechts unten) ist ein unveräußerliches Grundrecht

Strauch, eine eingeschleppte Pflanze, die bereits die halbe Insel überwuchert. Bei Kubas Jugend hat Reguetón längst Salsa und Timba als Leitmusik abgelöst. „Buena Vista"-Balladen sind ohnehin nur noch in Hotels zu hören.

Reguetón stammt aus Panama, in den 1970er Jahren dort entstanden, als Nachfahren der Einwanderer aus Jamaika ihre Reggae-Musik mit einheimischen Latino-Rhythmen verschmolzen. Seitdem hat der „Reggaeton", wie er im englischen Sprachraum genannt wird, so ziemlich alles an Musikstilen aufgesogen, was es auf dem amerikanischen Doppelkontinent zu hören gibt: entspannten Grundbeat aus der karibischen Dancehall-Musik, Sprechgesang aus US-amerikanischem Hip-Hop, melodische Bläserlinien aus der Salsa Südamerikas. Dazu versaute Gossenprosa aus den Slums von San Juan, Puerto Rico.

In Kuba fiel der musikalische Samen auf fruchtbaren Grund. „Reguetón ist tanzbar, hat einen einfachen Rhythmus und derbe Texte", sagt Aniel Abreu, Produzent der Reguetón-Stars „Acento Latino". Die Band stellte ihr Repertoire vor sechs Jahren komplett auf Reguetón um, „weil es das Einzige war, was das Publikum hören wollte". Salsa, seit zwei Jahrzehnten dominierend auf der Insel, hatte sich totgelaufen, glaubt Abreu: „Über Jahre wurde Salsa immer feiner, immer lyrischer. Bis ein großer Teil des Publikums, die unteren Schichten, sich darin nicht mehr wiederfand. Genau da hat der Reguetón eingeschlagen."

Die Demokratisierung der Produktionsmittel ist ein weiterer Grund für den Erfolg. Es braucht nicht viel, um einen Reguetón-Hit aufzunehmen: einen Computer, ein paar Stunden Strom am Tag – und den Willen, sich an etwas Neues zu wagen. „Natürlich sind wir in Kuba stolz auf unsere musikalische Tradition", sagt Yasser Vera, der Skorpion; doch er klingt genervt. „Irgendwann ist es auch mal gut mit den Wurzeln. Die Jugend will was Neues. Die Jugend will Veränderung." Veränderung ist ein böses Wort auf Kuba. Musik hatte schon immer das Potenzial, den Nachwuchs zu verderben.

DAS UNTERGESCHOSS des Gran Teatro in Havannas Altstadt: Hier sieht es so gar nicht aus wie beim Treffen der sozialistischen Jugend. Die Frauen im „Cabaret Nacional" tragen glitzernde Tops, Stilettos und die Röckchen so kurz, als gäbe es Kleiderstoff nur auf Rationierungskarte. Junge Männer in blitzweißen T-Shirts lassen großzügig Bier und Cola auffahren. Der Club ist der Härtetest →

KUBA OHNE MUSIK? ALS WÜRDE DAS HERZ AUSSETZEN

Attitüde ist alles im Reguetón Nachwuchs-Rapper »Raiko« übt die coole Gestik mindestens ebenso intensiv wie seine Songs

für „Stiki & Showy“, die *reguetoneros* aus Alamar. Wer hier besteht, hat die Chance, auch größere Bühnen zu bespielen. Für diesen Auftritt haben sie lange gespart; das Schwierigste ist die Kleidung. Reguetón braucht Unterschicht-Protz: falsche Goldketten und T-Shirts mit dicken Logos, Markenturnschuhe sind Pflicht; und „Showy“ hofft, dass es niemandem auffällt, dass sein Mobiltelefon nur eine Attrappe ist.

Doch die beiden kommen nicht weit: Nach zwei Songs winkt sie das Publikum gelangweilt von der Bühne. In Havannas Clubs zählen große Namen, „Eddy K“ oder „Gente d' Zona“, für deren Konzerte umgerechnet bis zu 20 Euro Eintritt bezahlt werden. „Farándula“ nennt sich die umherziehende Kaste der Partygänger, der mit Geld gesegneten jungen Menschen, die von Verwandten aus dem Ausland alimentiert werden und Fidel Castro einen guten Mann sein lassen: Urlaub vom Sozialismus, mitten auf Kuba. Der Reguetón, in dem es meist nur um Sex, Geld und Party geht, gibt ein perfektes Vehikel für privaten Eskapismus ab.

ZU HAUSE IN ALAMAR scheint sich für „Stiki & Showy“ noch eine Chance zu bieten. Auf einem großen namenlosen Platz baut jemand im Schein einer einsamen Straßenlaterne eine Musikanlage auf. „Sibirien“ wird die Vorstadt hier genannt. Einwohner: mehr als 100 000. Kulturprogramm: ein Kino.

Einmal im Monat organisieren die jüngeren Bewohner in Alamar deshalb ein Reguetón-Festival unter freiem Himmel. Bis zuletzt ist unklar, ob das Konzert stattfinden kann. Über den Strom entscheidet der Delegierte des Revolutionskomitees, und er will ihn nur einschalten, wenn die Sänger sich verpflichten, keine schmutzigen Lieder zu singen. Die Texte sind am Reguetón das Schwierigste, sagt „Showy“. Einfach nur die Lebensrealität zu beschreiben – wie es junge kubanische Autoren seit Jahren vormachen –, kann Ärger bringen. „Wenn du zu sanft bist, lacht dich das Publikum aus. Und wenn du zu direkt bist, schalten sie dir den Strom ab.“

Als die Musikanlage dann doch anfängt, im Takt eines Herzschlags zu wummern, und die Snare Drum synkopisch dazu scheppert, füllt sich der Platz in Minuten mit Kindern und Jugendlichen aus den Wohnblocks. Ein halbes Dutzend Gruppen wird an dem Abend gefeiert, doch für „Stiki & Showy“ zerplatzt auch die Hoffnung, wenigstens hier im Viertel den Durchbruch zu schaffen: Der Discjockey verlangt von jeder Gruppe vier Euro, als Beitrag für die Finanzierung der privaten Musikanlage. Zu viel für „Stiki & Showy“.

Der Stimmung auf der Neonlicht-Arena in Alamar tut dies keinen Abbruch: Schon nach den ersten Liedern tanzen alle; und gegen Mitternacht wird das Liedgut auf der Bühne dann schmutzig genug, dass die Polizei anrückt. Die Party abzubrechen aber wagen die Polizisten nicht. Feiern gehört auf Kuba einfach zu den unveräußerlichen Grundrechten. ■

Wie echte *reguetoneros* auszusehen, ist gar nicht so einfach: Fotograf **Mauro d'Agati** und Redakteur **Jürgen Schaefer** haben jedenfalls nicht die geringste Ahnung, was die Gesten bedeuten, die sie so fahrlässig in die Kamera halten.

INFO

▶ **TIPPS**

Reguetón sehen und hören

Cubaton heißt die kubanische Variante des Reguetón. Unter diesem Namen hat auch **Atena Music** einige der besten Reguetón-Musiker Kubas unter Vertrag. Einen Überblick über die gegenwärtige Szene bietet die kombinierte CD/DVD **Cuba presents Cubaton**, *Atena Music, 19,95 €*, mit Songs und Videos von **Gente d' Zona**, **Eddy K** und anderen.

In Havanna verkaufen fliegende Händler CDs und DVDs für rund zwei Euro. Eine gute Auswahl an kubanischer Musik (und Reguetón) bietet der **Artex-Shop** gegenüber dem Hotel Habana Libre, *Calle 23 No. 301, Ecke L, Vedado, Tel. 0053-7/832 06 32.*

Hörproben sind im Internet unter *www.geo-special.de/kuba* zu finden, auch *www.youtube.com* (Suchwort „Cubaton“) bietet etliche **Musikvideos**.

Im Kino soll im Frühjahr 2009 die verfilmte Lebensgeschichte des Cubaton-Rappers **Reynier „El Médico“ Casamayor** erscheinen – ein Film mit viel kubanischem Lebensgefühl und aktuellen Reguetón-Rhythmen.

DAS GEWICHT DES GLAUBENS

Mehr als einen Zentner wiegen die Klötze, die manche Pilger von Havanna zur Wallfahrtskirche in El Rincón mit sich schleifen. Die Schmerzen auf diesen höllischen 25 Kilometern sollen San Lázaro gnädig stimmen, Kubas Heiligen der Leidenden

FOTOS ¬ PEP BONET TEXT ¬ IGNACIO JARILLO

Eine Stunde für 100 Meter. Das ist oft die Geschwindigkeit jener, die geschworen haben, sich nicht zu erheben – bis zum Ziel

Geldspenden sind – meist – für San Lázaro bestimmt. Für sich selbst erbitten Pilger Linderung: bei Asthma, Rheuma, Liebesleid

ERNIEDRIGUNG

HINGESTRECKT AUF DEN BODEN, ruht sich Ibrahim aus. Er sieht die Welt mit anderen Augen von hier unten. Alles wirkt größer, disproportioniert. Alles außer seinem eigenen Körper, der anfängt, einem Kadaver zu gleichen. Unter seinem Hemd und seiner Hose aus Sackleinen schaut die zerschundene, blasse Haut hervor, die sich über die Knochen spannt. Seine nackten, vom Asphalt aufgescheuerten Füße hinterlassen eine blutige Spur, seit er vor fünf Tagen am Parque Central in Havanna aufgebrochen ist.

Um Ibrahims Knöchel ist ein Seil gewickelt, an diesem eine Kette befestigt. An der Kette hängen seine Krücke und viele Kilogramm schwere Steine, die er hinter sich herzieht. Ibrahim ist ein Büßer, der sein Leben dem Heiligen hingibt, der alles heilt.

San Lázaro, der wiederauferstandene Lazarus, ist für ihn mehr als eine Heiligenfigur, und was Ibrahim tut, ist mehr, als ein Gelübde einzulösen, um erlöst zu werden: Unter der arroganten Sonne Kubas Qualen zu erleiden, ist seine Lebensform geworden.

Ihm bleiben noch zwei Tage bis zum 17. Dezember, dem Tag des Heiligen Lazarus, und er muss noch viele Stunden über den Boden kriechen, um rechtzeitig zur Mitternacht an der Kapelle von El Rincón zu sein, einem kleinen Dorf bei Santiago de las Vegas, rund 25 Kilometer von Havanna entfernt. Er hat versprochen, nicht eher wieder aufzustehen.

TAUSENDE GLÄUBIGE KUBANER pilgern im Dezember nach El Rincón. Viele verbinden in ihrem Martyrium Katholizismus mit der Santería: Sie beten San Lázaro an und zugleich Babalú Ayé, den mächtigen *orisha* der afrokubanischen Religion. Der afrikanische Gott und der Freund von Jesus Christus, der starb und wieder zum Leben erweckt wurde, verschmelzen zur

Am 17. Dezember jeden Jahres ist El Rincón Kubas spiritueller Mittelpunkt. Dann zieht es Zehntausende in den 3000-Einwohner-Ort

Während das Gros der Gläubigen in Bussen zur Wallfahrtskirche rollt, entdecken andere ihren Körper als Instrument religiöser Hingabe

Gestalt eines Heiligen, dem die Verehrung gilt in der Kirche von El Rincón.

Kaum ein Haus auf Kuba, in dem nicht ein Altar einem Orisha huldigt. Dieser Nacht des San Lázaro, wenn alle Büßer sich in El Rincón versammeln, gehen viele geheimnisvolle Nächte voraus, in denen die Geister angerufen werden. „Religion ist Logik, nicht Fanatismus", erklärt Mariano, der mit seiner Frau, seiner Mutter und seiner vierjährigen Tochter in der Altstadt von Havanna lebt. „Schon als Kind fiel ich in Trance, ich zitterte und verdrehte die Augen. Meine Mutter brachte mich ins Krankenhaus, aber es war vergeblich. Nach und nach wurde ich mir meiner Gabe als Santero bewusst." Mariano, in eine Tunika aus makellos weißem Leinen gekleidet, berührt zur Begrüßung leicht die Faust seines Besuchers mit der seinen. So vermeidet er, böse Geister weiterzugeben, gegen die sein Besucher im Unterschied zu ihm machtlos ist.

Bei Einbruch der Nacht bereitet er mit großer Sorgfalt die Zeremonie vor, in der San Lázaro angerufen wird. Aus dem Wohnzimmerschrank tauchen Knochen, Schädel von Tierskeletten, Eierschalen und Blutreste von früheren Opferungen auf. In dieser Nacht ist Mariano nicht der Einzige, der in Trance fällt. Seine Frau Victoria redet, als ob ihre tote Großmutter durch sie spräche. Aus dem Mund von Mariano kommt die afrikanische Litanei zu Ehren von Babalú Ayé. Wenn der Geist →

San Lázaro ist als wundertätig, aber auch als streng bekannt. Geschundene Knie sollen ihm die Ernsthaftigkeit eines Anliegens beweisen

herabsteigt, beginnt der Santero einen Tanz, in dem er einen Leprakranken mimt, der sich beim Gehen auf Stöcke stützt.

Drei Hühner werden in dieser Nacht im Haus von Mariano geköpft, einem Hahn wird die Zunge herausgerissen, um jenen den Garaus zu machen, die schlecht von der Familie reden. Die Toten, die sich während solcher Zeremonien der Körper der Lebenden bemächtigen, sind sehr launenhaft. Einmal lassen sie die Menschen durchs Haus wandern und es mit grünen Strauchwedeln putzen, ein andermal das Blut der geopferten Tiere trinken und die Gehirne essen. Meistens bechern die Besessenen bis zur Erschöpfung Rum und rauchen Zigarren.

Je größer das Leid, desto näher die Erlösung. Wenn der Schmerz übermächtig wird, lassen manche Pilger ihren Tränen freien Lauf

ANDERNTAGS AUF DER STRASSE NACH EL RINCÓN nickt Ibrahim, wenn ihm jemand Mut zuspricht, aber die Kraft für ein Lächeln bringt er nicht mehr auf. Das Seil scheuert am blutenden Knöchel. Schon das Geräusch der über den Boden schleifenden Steine tut weh. Nicht auszumalen, welcher Schmerz jeden der Büßer begleitet. Doch ein anderer Schmerz hilft ihnen, durchzuhalten: der ihrer Lieben, für die sie das Gelübde ablegten.

Wie ein Reptil in der Wüste nähert sich Josmari. Es ist sein viertes Jahr der Buße. Auch er schleift Steine hinter sich her. Sein dem Boden zugewandtes Gesicht scheint von einem Meister der Heiligenschnitzerei geschaffen: die geschwärzte Haut, die knochigen Augenhöhlen. Seit einer Woche haben die Büßer fast nichts gegessen. Ein wenig Brot und Wasser.

Nicht alle schaffen es, die *promesa* einzulösen, ihr Gelübde. Sie geben entkräftet auf. Andere kommen immer wieder. Ein Leben lang

ERSCHÖPFUNG

Josmari muss nur noch ein weiteres Jahr lang Buße tun für die Gnade, die San Lázaro ihm erwies. Was es war, ist sein Geheimnis. Andere verbergen ihren Beweggrund nicht. Ibrahim zum Beispiel, der sagt: „Alle kennen meine Geschichte, weißt du, alle kennen sie. Mein Kleiner konnte nicht gehen, kam so gerade im Rollstuhl vorwärts, bis ich eines Tages beschloss, mich dem Alten anzuvertrauen. Der kennt sich aus! Die Ärzte wussten keinen Rat, aber San Lázaro heilte ihn. Jetzt ist es an mir, meine Dankbarkeit zu zeigen."

Auch der Taxifahrer von der Ecke hört sich Ibrahims Geschichte mit mitfühlendem Ausdruck an. Er kommt näher und flüstert zwischen den Zähnen: „Nur die Alten wie dieser Sack Knochen glauben an San Lázaro. Die Jungen kommen, um sich zu betrinken und zu feiern."

Die Büßer hören den Ungläubigen lieber nicht zu. Der Boden und die Steine, die sie hinter sich herschleifen, sind ihnen Hölle und Erlösung zugleich. Unter der karibischen Sonne brauchen sie fast eine Stunde, um auf der sich windenden Straße, die zur Kirche von San Lázaro führt, 100 Meter weiterzukommen. „Babalú Ayé, hilf mir anzukommen ...", murmeln sie.

Endlich, in der Nacht vom 16. auf den 17. Dezember, nähern sich die Pilger der kleinen Wallfahrtskirche. Angehörige und Freunde säubern den Kriechenden den Weg mit Palmwedeln.

IN DIESER NACHT wimmelt es auf der Straße nach El Rincón von Menschen. Autobusse aus ganz Kuba treffen ein, beladen mit Neugierigen und mit Gläubigen, die ein Gelübde erfüllen. Die Schmerzensschreie der Leidenden mischen sich mit dem Krawall der Rumtrinker, die das Spektakel anzieht.

Das Publikum singt für die Büßer, wobei Strophen auf Spanisch mit solchen in der Sprache der Orishas wechseln. Viele der Angereisten sind in Tücher gewickelt, auf denen der Heilige abgebildet ist. Er wird im Anzug aus Jute dargestellt, mit einem kleinen Besen, um die Insekten abzuwehren und Krankheiten wegzufegen. „Betet für uns!", rufen die Patienten →

Das Ende der Strapaze im Blick: Auf den letzten Metern bis zur Kirche des Heiligen ist der Boden glatt und gefegt. Nimmt es der Pilger noch wahr?

Endlich, das Innere des *santuario*. Auch Papst Johannes Paul II. war hier: Den Leidenden wird gegeben, lautete seine Botschaft

ERLÖSUNG

eines Aids-Asyls den vorbeirutschenden Pilgern zu. Auf der anderen Straßenseite verlieren Händler keine Zeit. Heiligenbildchen, Büchlein mit Gebeten an Babalú Ayé, Getränke oder Brot mit Spanferkel: Für das Geschäft ist dies stets eine der besten Nächte des Jahres, und alles ist vorbereitet, damit dies auch so bleibt.

Erstarrt in Ehrfurcht, verbringen Gläubige die Nacht der Nächte. Lazarus selbst soll vier Tage nach seinem Tod auferstanden sein

Als die Büßer zu Füßen von San Lázaro ankommen, heißt es als Erstes, aus der Quelle bei der Kapelle zu trinken, der Wunderkraft nachgesagt wird. Ibrahim wischt sich Tränen ab.

Am Eingang zur Wallfahrtskirche drängen sich die Gläubigen. Die Luft ist verbraucht, die Kerzen fressen den Sauerstoff. Unter dem Heiligen geht ein Geldregen nieder. Selbst die Ärmsten geben etwas. Am stärksten wird Josmari von allen angefeuert. Acht Pflastersteine hat er hierhergeschleift; sie haben seine Kräfte aufgezehrt, aber wie jedes Jahr hat er sein Versprechen erfüllt. Er nähert sich dem Heiligen, kniet sich hin, im wortlosen Gebet. Bewahrt stolz das Geheimnis seiner Buße. San Lázaro thront auf dem Altar, wie unbeteiligt am Spektakel. ■

Autor **Ignacio Jarillo**, 43, hat noch immer einen Geruch aus der Wallfahrtskirche in der Nase: Schweiß vermischt mit Kerzenwachs. Es war seine erste Nacht bei San Lázaro. Fotograf **Pep Bonet**, 34, beschäftigt sich seit Jahren mit dem Kult.

INFO

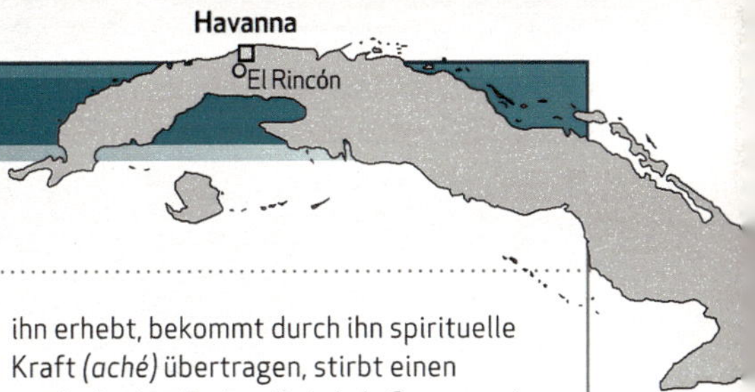

▶ SANTERÍA

Wenn Volksglaube und Katholizismus verschmelzen

IN DER AFROKUBANISCHEN SANTERÍA verbinden sich afrikanische **Yoruba-Religion** und **Katholizismus**: Durch den Sklavenhandel wurden innerhalb von 350 Jahren etwa 500 000 bis 700 000 afrikanische Stammesangehörige nach Kuba verschleppt, darunter viele Angehörige der Yoruba, eines Volkes aus Westafrika, insbesondere aus dem heutigen Nigeria. Um den katholischen Glauben der nur oberflächlich missionierten Sklaven zu festigen, führte die katholische Kirche im 17. Jahrhundert Bruderschaften ein. Da es den Sklaven zugleich verboten war, ihre eigene Religion zu praktizieren, nutzten sie diese christlichen *cofradías* als Deckmantel. Ihre Kultstätten und Feste waren vordergründig katholisch, hinter der Kulisse aber regierten Yoruba-Gottheiten.

Afrikanische und katholische Heilige verschmolzen. Beispielsweise wurde Babalú Ayé, Herr des Leidens, mit dem katholischen Patron der Aussätzigen verknüpft: dem Heiligen **Lazarus**. Olorun, der geschlechtslose allmächtige Gott der Santería, wird selbst nicht angebetet, er ist zu ehrwürdig. Daher wenden sich die Menschen an seine Kinder, die **Orishas**. Unter ihnen erfahren Changó, Eleggúa, Obatalá, Ogún, Ochún, Oyá und Babalú Ayé besondere Verehrung. Der Gläubige nähert sich ihnen durch Opfergaben, bedankt sich für ihren Schutz, bittet um diesen oder büßt durch Opfer seine Sünden. Die dargebotene Gabe ist von den Vorlieben eines Orisha abhängig: Der wilde Changó bevorzugt Schweine oder Äpfel, die weibliche Gottheit Ochún hingegen Ziegen oder Kürbisse.

Wer sich als Gläubiger mit ganzem Herzen der Santería verschreibt und **Santero** werden will, muss sich verschiedenen Ritualen unterziehen. Während der Initiation ergreift einer der Orishas vom Initianden Besitz, pflanzt sich in seinen Kopf: So erfährt der Gläubige, welcher Orisha Anspruch auf ihn erhebt, bekommt durch ihn spirituelle Kraft *(aché)* übertragen, stirbt einen symbolischen Tod und wird als Santero wiedergeboren. Die Trance-Erfahrungen werden von getrommelten Rhythmen und Liedern begleitet. Die Orishas, so erzählt man, sind in diesen Rhythmen von Afrika über den Ozean gereist.

Im **modernen Kuba** nimmt die Santería eine besondere Stellung ein. Zwar wurde sie wie jede Religion diskriminiert, war aber dadurch, dass sie ohnehin immer nur im Privaten ausgeübt wurde, weniger angreifbar. Die Regierung stand der Santería zwiespältig gegenüber: Einerseits lehnte sie diese als Aberglauben ab, brauchte sie aber andererseits, um eine **afrokubanische Identität** zu kreieren. So darf die Santería seit den 1990er Jahren auch öffentlich ausgeübt werden. Inzwischen gehören schätzungsweise acht von zehn Kubanern zu ihren Anhängern.

Antje Stiebitz

+++ Autobahnbrücke nach Florida eingeweiht +++ Guantánamo wird Großflughafen +++ Spektakuläre Ölfunde vor Kuba +++ Havanna läuft Las Vegas den Rang ab +++

Kubanischer Albtraum

EIN SCHNELLIMBISS IM VIÑALES-NATURPARK? Eine Schreckensvision, nicht nur für überzeugte Kommunisten. Zugleich eine Drohung, mit der sich Touristen schnell noch nach Kuba locken lassen, wie die Werber der Hamburger Agentur Kolle Rebbe finden, die im Auftrag von GEO Special eine Serie politisch unkorrekter Werbeanzeigen entworfen haben

VISIONEN für die Zeit nach CASTRO

Seit 50 Jahren regieren die Gebrüder Castro auf der Insel – doch das biologische Ende ihrer Herrschaft naht. Und was dann? Für GEO Special hat der Politikwissenschaftler und Kuba-Kenner **Bert Hoffmann** vier nicht immer ganz ernst gemeinte Szenarien entworfen: für ein Kuba im Jahr 2020

WERBEANZEIGEN ¬ **KOLLE REBBE**

Der 51. Bundesstaat

SEIT DEM POLITISCHEN UMBRUCH IM WINTER 2010 verfolgte die neue Regierung in Havanna einen Kurs maximaler Anbindung an die USA. Die Übernahme des Dollar als Landeswährung, die Integration in die Nordamerikanische Freihandelszone und eine Liberalisierungspolitik mit Niedrigsteuern verwandelten die Insel in kürzester Zeit in ein Investorenparadies. Dutzende von Hightech-Firmen zogen südostlich der Hauptstadt ein tropisches Silicon Valley hoch. Havanna selbst stieg zum Mekka der US-amerikanischen Tourismus- und Unterhaltungsindustrie auf, das Las Vegas den Rang abläuft. Zum Wachstumsmotor des kubanischen Ostens wurde die ehemalige US-Marinebasis in Guantánamo, die als zollfreie Sonderwirtschaftszone und dank eines neuen Großflughafens zum Drehkreuz für den Warenhandel zwischen Nord- und Südamerika avancierte.

Politisch erfolgte dieser Übergang fast reibungslos. Die Furcht, es könnte zum Streit um jene Häuser kommen, deren Besitzer seit 1959 enteignet worden waren, erwies sich als unbegründet. Die Regierung von US-Präsident Barack Obama brachte im März 2011 die Exilkubaner dazu, einem Kompromiss zuzustimmen: Staatsbetriebe wurden versteigert, die Erlöse flossen in einen Fonds, aus dem Alteigentümer entschädigt werden konnten. Eine Wahrheitskommission half, Racheakte zu vermeiden. Eine Gesetzesnovelle ließ die doppelte Staatsbürgerschaft in Kuba und den USA zur Selbstverständlichkeit werden. Mittlerweile stellt die postkommunistische „Partei der Kubanischen Revolution“ rund 20 Prozent der Abgeordneten. Auch sie werden am Festakt teilnehmen, mit dem im kommenden Jahr eine 110 Meilen lange Autobahnbrücke eingeweiht wird – zwischen Floridas Südspitze und Havanna.

→

Kubanischer Traum

VON KUBA LERNEN heißt, positiv denken lernen. Fortschritt? Internet? Menschenrechte? Man kann nicht alles haben. Die Werber der Agentur Kolle Rebbe konzentrieren sich bei ihren Entwürfen für Kuba-Anzeigen lieber auf das, was es für das geduldige kubanische Volk im Überfluss gibt: Ruhe, Rauchwaren und – ausgerechnet – Bananen …

Wird Kuba zum karibischen **TIGER?**

2

Das Dubai der Karibik

SEIT DIE REFORMEN ZU GREIFEN BEGINNEN, die Raúl Castro Anfang der 2010er Jahre eingeleitet hat, macht das Wort vom „karibischen Tiger" die Runde. In der Tat: Die Wachstumsraten der kubanischen Wirtschaft sind beeindruckend. Innerhalb kürzester Zeit führten die Liberalisierung der Landwirtschaft und die Zulassung privaten Kleingewerbes mit bis zu 30 Beschäftigten zu einer derart entspannten Wirtschaftslage, dass die Rationierungsbüchlein abgeschafft werden konnten. Auch Devisenläden sind längst Geschichte. Der kubanische Peso ist die einzige Währung im Land, während der Außenhandel selbstverständlich in Yuan verrechnet wird. Auch den Einbruch der Überweisungen von Auslandskubanern als Folge einer weltweiten Depression konnte die Ökonomie der Insel verschmerzen, seit sie als zentrale Schaltstelle für den Handel zwischen der Weltmacht China und den aufstrebenden sozialistischen Regierungen in Lateinamerika fungiert.

Hinzu kommen die spektakulären Ölfunde im Golf von Mexiko, die Kuba den Beinamen „Dubai der Karibik" beschert haben. Dank der Öl-Milliarden hat Havanna ein beispielloses Wohnungsbauprogramm in Gang gesetzt, das die Verdoppelung der Bevölkerungszahl in nur zehn Jahren bewältigen konnte – auch wenn manche dem morbiden Charme jenes alten Havanna nachtrauern, das flächendeckend durch funktionale Wohnblocks ersetzt wurde. Doch schnelle Lösungen taten not, schließlich muss die Insel mittlerweile einen Zustrom von jährlich rund 20 000 kubanischen Re-Migranten aus dem von der Wirtschaftskrise schwer gebeutelten Florida aufnehmen.

3

Der ewige Castro

NACH ZWÖLF JAHREN AMTSZEIT hat der 88-jährige Raúl Castro im Frühjahr 2020 die Staatsführung an den 68-jährigen Carlos Lage übergeben. In seinen ersten Reden hatte Lage, der schon in den späten 1990er Jahren als möglicher Kandidat gehandelt worden war, Hoffnungen auf eine Öffnung der Wirtschaft und mehr Freiräume für die Gesellschaft genährt. Der anfängliche Reform-Elan ist inzwischen jedoch wieder zum Erliegen gekommen. Mit dem Verweis auf die Hurrikanschäden des Herbstes 2020 wurden alle Agrarmärkte den Streitkräften unterstellt.

In seiner allwöchentlichen Fernsehansprache verliest der körperlich gebrechliche Raúl Castro – auch wenn er kein offizielles Amt mehr bekleidet – politische Leitlinien, die selbst kleine Veränderungen als Verrat am Sozialismus brandmarken und die Spielräume für seinen Nachfolger denkbar klein halten. In der Folge gehen viele Beobachter davon aus, dass erst nach einem Ableben des Armeegenerals die Frage nach möglichen Reformen gestellt werden kann.

4

Sozialismus oder Tod

DIE SCHLANGE VOR DEM MAUSOLEUM Fidel Castros reißt nie ab. Auch nachts defilieren auf dem Platz der Revolution Arbeiter und Soldaten, Milizionäre und Jungpioniere am Grab des verehrten Revolutionsführers. Trotz schwerster Krankheit hatte dieser Ende 2009 noch die Kraft – und wie seine Anhänger sagen: die Weitsicht –, der schleichenden Aushöhlung des Sozialismus Einhalt zu gebieten und seinen Bruder Raúl zum Rücktritt zu zwingen.

Die neue Führung aus Fidel-treuen Parteikadern führte die Insel wieder konsequent zu den alten sozialistischen Prinzipien zurück, auch wenn dies den Bruch mit China zur Folge hatte. Die Regierung blieb auch kompromisslos, als nach der Abwahl von Hugo Chávez die Öllieferungen aus Venezuela ausblieben und sich die Versorgungslage dramatisch verschärfte.

Sicherheitskräfte gingen mit harter Hand gegen die sich ausbreitenden sozialen Unruhen vor. Die blutigen Auseinandersetzungen kulminierten auf der Treppe der Universität Havanna in einem Blutbad, das Hunderte Menschen das Leben kostete.

Zur internationalen Eskalation kam es, als militante Exilkubaner von Schnellbooten aus Ziele in Havanna mit Raketen beschossen. Ein Ultimatum der kubanischen Regierung, diese Aktionen der Regimegegner zu unterbinden, ließ Washington verstreichen. In der Folge holten Kubas Generäle zum Gegenschlag aus und bombardierten den US-Marinestützpunkt in Guantánamo. Zehn Tage lang standen Kuba und die USA am Rande eines Krieges, bevor unter Vermittlung der Vereinten Nationen ein Waffenstillstand ausgehandelt wurde.

Im Zuge des Konflikts wurde Kubas Gesellschaft durch und durch militarisiert. Jeglicher Dissens wird mit Verweis auf die schwierige Situation im Keim erstickt. In Schulen, Medien und bei zahllosen Massenkundgebungen werden die Kubaner erneut darauf eingeschworen, die nationale Würde zu verteidigen und dem US-Imperialismus zu trotzen; koste es, was es wolle. ■

Dr. Bert Hoffmann, 42, forscht am Hamburger „GIGA German Institute of Global and Area Studies" zu Lateinamerika und der Karibik. Er gehört seit den frühen 1990er Jahren zu den führenden deutschen Kuba-Experten. Eine von ihm verfasste Landeskunde „Kuba" ist im C. H. Beck Verlag erschienen.

GEOSpecial berichtet jeweils über ein Land, eine Region oder eine Stadt. Erscheint 6x im Jahr.

GEOEPOCHE ist das Geschichtsmagazin von GEO. Erscheint 6x im Jahr.

GEO berichtet in exklusiven und aktuellen Reportagen über die wichtigen Themen unserer Zeit. Erscheint 12x im Jahr.

GEOSAISON zeigt die schönsten Reiseziele rund um den Globus. Erscheint 12x im Jahr.

GEOlino ist das Erlebnisheft für Kinder von 8 bis 14 Jahren. Erscheint 12x im Jahr.

GEOkompakt ist monothematisch und widmet sich den großen Fragen der Allgemeinbildung in außergewöhnlicher visueller Opulenz. Erscheint 4x im Jahr.

Taschen-Brockhaus »Das Wissenspaket«

Die kleine Enzyklopädie mit großem Inhalt: ca. 10.000 Stichworterklärungen und über 1.000 durchgehend farbige Fotos, Illustrationen, Zeitleisten, Infokästen und Tabellen. Über 500 Seiten.

Ihre Lieblingszeitschrift + Geschenk – jetzt frei Haus lesen und bis zu 13% sparen!

Vorteilscoupon GEO-Familienangebot

Ja, ich bestelle die angekreuzten Zeitschriften. Zum Dank für meine Bestellung erhalte ich **den Taschen-Brockhaus »Das Wissenspaket«** nach Zahlungseingang **gratis.** Die Lieferung aller Hefte erfolgt frei Haus. Ich gehe kein Risiko ein, denn ich kann nach einem Jahr jederzeit kündigen. Das Geld für bezahlte, aber nicht gelieferte Ausgaben erhalte ich zurück. Das Angebot gilt nur in Deutschland.

- **GEOSpecial** (6 Hefte) für mich, Best.-Nr. ☐ **622744** als Geschenk ☐ **622745**
  Erscheint 6x jährlich zum Preis von zzt. € 6,95 pro Heft.
- **GEOEPOCHE** (6 Hefte) für mich, Best.-Nr. ☐ **622750**, als Geschenk ☐ **622751**
  Erscheint 6x jährlich zum Preis von zzt. € 7,50 pro Heft.
- **GEO** (12 Hefte) für mich, Best.-Nr. ☐ **622746**, als Geschenk ☐ **622747**
  Erscheint 12x jährlich zum Preis von zzt. € 5,65 pro Heft.
- **GEOSAISON** (12 Hefte) für mich, Best.-Nr. ☐ **622748**, als Geschenk ☐ **622749**
  Erscheint 12x jährlich zum Preis von zzt. € 4,20 pro Heft.
- **GEOlino** (12 Hefte) für mich, Best.-Nr. ☐ **622754**, als Geschenk ☐ **622755**
  Erscheint 12x jährlich zum Preis von zzt. € 3,05 pro Heft.
- **GEOkompakt** (4 Hefte) für mich, Best.-Nr. ☐ **622752**, als Geschenk ☐ **622753**
  Erscheint 4x jährlich zum Preis von zzt. € 7,25 pro Heft.

☐ Ja, ich bin damit einverstanden, dass GEO und Gruner+Jahr mich künftig per Telefon oder E-Mail über interessante Angebote informieren.

Widerrufsrecht: Die Bestellung kann ich innerhalb der folgenden zwei Wochen ohne Begründung beim GEOSpecial Kunden-Service, 20080 Hamburg, in Textform (z. B. Brief oder E-Mail) oder durch Rücksendung der Zeitschrift widerrufen. Zur Fristwahrung genügt die rechtzeitige Absendung.

Datum ✗ Unterschrift

Meine Adresse: (Bitte auf jeden Fall ausfüllen.)

Name

Vorname — Geburtsdatum 19

Straße/Nr.

PLZ — Wohnort

Telefon-Nr. — E-Mail-Adresse

Ich zahle bequem per Bankeinzug:

Bankleitzahl — Kontonummer

Geldinstitut

Anschrift des Geschenkempfängers: (Nur ausfüllen, wenn Sie einen GEO-Titel verschenken möchten.)

Name

Vorname — Geburtsdatum 19

Straße/Nr.

PLZ — Wohnort

Dauer der Geschenklieferung:
☐ unbefristet (mindestens 1 Jahr) ☐ 1 Jahr

406

Ihre Vorteile:

- **Bis zu 13% sparen!**
- **Taschen-Brockhaus gratis!**
- **Lieferung frei Haus!**
- **Nach einem Jahr jederzeit kündbar!**
- **Geld-zurück-Garantie für zu viel bezahlte Hefte!**

Bitte Bestellnummer aus dem Vorteilscoupon angeben.

Verlag: Gruner+Jahr AG & Co KG, Dr. Gerd Brüne, Am Baumwall 11, 20459 Hamburg, AG Hamburg, HRA 102257.
Vertrieb: DPV Deutscher Pressevertrieb GmbH, Dr. Olaf Conrad, Düsternstr. 1, 20355 Hamburg, AG Hamburg, HRB 95 752.

*14 Cent/Min. aus dem deutschen Festnetz, Mobilfunkpreise können abweichen.

Vorteilscoupon einsenden an: GEO Special, Kunden-Service, 20080 Hamburg

Oder anrufen unter: 01805/861 80 00*

Einfach per E-Mail: GeoSpecial-Service@guj.de

dossier

Landesinformationen in komprimierter Form

KUBA

1512: Taíno-Häuptling Hatuey gilt als erster Held der kubanischen Nation

SCHICKSALSTAGE

EIN LAND, IN DEM DIE REBELLION GEDEIHT

Mutige Freiheitskämpfer hat es in Kubas Geschichte etliche gegeben, doch der Traum von Unabhängigkeit wurde erst mit Fidel Castro wahr

27. Oktober **1492**. Als Christoph Kolumbus auf Kuba landet, wähnt er sich in Japan. Vermutlich mehr als 200 000 Ureinwohner leben zu dieser Zeit auf der Insel: Ciboney, Taíno und Guanahatabey. Die Indios, wie Kolumbus sie nennt, sterben binnen weniger Jahrzehnte fast aus. Sie fallen der Gewalt der spanischen Kolonialherren und Krankheiten wie Pocken und Masern zum Opfer. Außer Felszeichnungen und Ortsnamen bleibt kaum etwas von ihnen erhalten. Erinnern wird man sich auf Kuba aber an den tapferen Kaziken Hatuey: Der aus Haiti stammende Anführer der Taíno hat den Widerstand gegen die Spanier organisiert. Als man ihn fasst und auf den Scheiterhaufen führt, müht sich ein Geistlicher, ihn zum rechten Glauben zu bekehren. Als Hatuey begreift, dass er im Himmel auf Christen treffen wird, entscheidet er sich für die Hölle.

***

Am Morgen des 10. Juli **1555** kreuzt die Armada des Franzosen Jacques de Sores vor Havanna auf. Der Pirat besetzt das Haus eines angesehenen Bürgers und kontrolliert von dort aus wochenlang die Stadt. Weil die Einwohner ihm nicht ausreichend Gold und Silber bringen, steckt de Sores Havanna in Brand. Immer wieder werden spanische Häfen und Galeonen in der Karibik von Piraten überfallen. So beschließt der spanische König, dass seine Schatzflotte zukünftig begleitet von Kriegsschiffen aus der Neuen Welt heimsegeln soll. Zum Starthafen bestimmt er: Havanna. Hier versammeln sich nun alljährlich im Frühling Dutzende Schiffe mit ungeheuren Reichtümern, die von den Spaniern in Amerika erbeutet worden sind. Aus dem ärmlichen Fleck wird eine kosmopolitische Stadt – die weiterhin Piraten anzieht. Die Spanier bauen immer neue Verteidigungsanlagen, darunter 1577 das Castillo de la Real Fuerza und um die Jahrhundertwende die Burg El Morro. Diese verwandeln Havanna in eine der sichersten Hafenanlagen der Neuen Welt. →

1762: England triumphiert über Spanien. Im Hintergrund: die Morro-Festung von Havanna

Dennoch gelingt es Ende Juni 1762 englischen Marinesoldaten, Havanna zu erobern. Über zehn Monate lang besetzen die Briten Kuba, bis sie es im Tausch gegen Florida an die Spanier zurückgeben. Die Engländer haben den freien Handel eingeführt – und damit Kubas Aufstieg zur Perle im spanischen Weltreich vorbereitet. Lange Zeit ist Kuba für die Spanier nur eine Durchgangsstation für die Eroberung Amerikas gewesen. Die Insel selbst bietet kaum Gold und Silber und hat wenige spanische Siedler angezogen. Doch Ende des 18. Jahrhunderts beginnt der Zuckerboom: Immer neue Plantagen bedecken nun die Insel. 1840 wird Kuba zum weltgrößten Zuckerexporteur. Zwischen 1763 und 1860 verzehnfacht sich Kubas Bevölkerung beinahe auf 1,4 Millionen Einwohner. Rund die Hälfte davon sind Schwarze.

***

Am 10. Oktober 1868 schenkt der Plantagenbesitzer Carlos Manuel de Céspedes seinen Sklaven die Freiheit und verkündet die Unabhängigkeit Kubas. Die Rebellion gegen Spanien weitet sich rasch über den Osten der Insel aus. Zehn Jahre lang verwickeln die Mambises, wie das Rebellenheer aus Schwarzen und Weißen genannt wird, die spanischen Truppen in einen Guerillakrieg. Doch es gelingt ihnen nicht, den reichen Westen für ihren Kampf zu gewinnen: Die Zuckerbarone dort leiden ebenfalls unter den hohen Steuern und der Bevormundung aus Spanien. Noch mehr allerdings schreckt sie ein möglicher Sklavenaufstand. Seit die Südstaaten 1865 im US-amerikanischen Bürgerkrieg unterlagen, ist auch auf Kuba das Ende der Sklaverei absehbar. Die Plantagenbesitzer des Westens hoffen, dass Spanien sie für diesen „Verlust" entschädigen wird. Tatsächlich versprechen die Kolonialherren den Insulanern 1878 Reformen – und spalten so das von inneren Konflikten zermürbte Rebellenheer. Der erste Unabhängigkeitskrieg ist verloren. Aber er hat die Insel verändert: Erstmals haben Kubaner aller Hautfarben Seite an Seite gekämpft – und dabei ein Nationalgefühl entdeckt.

***

Am Abend des 15. Februar 1898 zerreißt eine Explosion im Hafen von Havanna das US-Kriegsschiff „Maine" und tötet 266 amerikanische Seeleute. Ob es sich um einen Anschlag oder einen Unfall handelt, kann nie geklärt werden. Das Unglück liefert jenen Amerikanern, die auf eine Intervention in Kuba drängen, endlich einen Grund. Mehrfach haben die USA den Spaniern Kaufangebote für die Karibikinsel unterbreitet. Bislang aber verhielt sich die US-Regierung neutral in dem wieder aufflammenden Unabhängigkeitskrieg: 1895 hatte der Dichter José Martí die Rebellen mit seinem Traum von einer gerechten kubanischen Gesellschaft erneut in den Kampf geführt. Nachdem der feinsinnige Nationalheld bereits bei den ersten Gefechten fiel, haben seine Generäle wichtige Siege errungen. Diesmal gelingt es den Spaniern nicht, die Mambises zu unterwerfen. Als die USA im April 1898 schließlich in den Kampf eingreifen, versprechen sie Kuba die Unabhängigkeit. In nur wenigen Wochen vernichtet die aufsteigende Weltmacht Spaniens Flotte – und betrügt die Kubaner um ihren Sieg: Die Insel wird von US-Truppen besetzt. Statt der Fahne der Revolution weht nun das amerikanische Sternenbanner.

1898: Eine Explosion zerreißt die »Maine«

1898: Spanien erneut vertrieben, von den USA

Am 20. Mai 1902 entlassen die USA Kuba in die Unabhängigkeit – und sichern sich per Verfassung das Recht, jederzeit militärisch einzugreifen und in Guantánamo einen Flottenstützpunkt zu errichten. Immer stärker gerät die kubanische Wirtschaft nun unter die Kontrolle von US-Investoren. Nur wenige Kubaner werden durch den erneuten Zuckerboom reich. Die wechselnden Regierungen von US-Gnaden neigen zu Korruption, Wahlbetrug und politischem Mord. Besonders berüchtigt sind die Machthaber Gerardo Machado (1924 bis 1933) und Fulgencio Batista (1934 bis

1954: Wahlplakat für Fulgencio Batista

1944 und 1952 bis 1958). Unter ihrer Herrschaft gilt die Insel als Tummelplatz der amerikanischen Mafia – und Ferienparadies für US-Bürger.

***

25. November **1956**. Lautlos bricht eine Yacht namens „Granma" mit dem jungen Anwalt Fidel Castro und 81 weiteren Rebellen an Bord aus dem mexikanischen Exil nach Kuba auf. Kaum angekommen, werden sie von den Soldaten des Diktators Batista gestellt. Es droht ein Fiasko wie am 26. Juli 1953, als Castros Überfall auf die Moncada-Kaserne in Santiago de Cuba scheiterte. Gut ein Dutzend Kämpfer können sich diesmal in die Berge der Sierra Maestra retten, darunter Fidel, sein Bruder Raúl und der argentinische Arzt Ernesto „Ché" Guevara. Hier erhält ihre Guerilla-Armee rasch Zulauf. Selbst bürgerliche Kreise unterstützen den charismatischen Castro, denn er verspricht freie Wahlen und liberale Reformen. Am 1. Januar 1959 ziehen die Rebellen siegreich in Havanna ein. Bald zeigt sich der sozialistische Charakter der kubanischen Revolution: Castro verstaatlicht die Zuckerproduktion und enteignet alle Großgrundbesitzer (inklusive seiner Mutter). Er kürzt Mieten, erhöht Löhne, baut kostenlose Schulen und Krankenhäuser. Für die Mehrheit des Volkes ist er ein Held. Politische Gegner aber werden verfolgt. „Es gibt nur Unterstützer der Revolution oder Feinde der Revolution!", erklärt Castro. Hunderttausende Kubaner verlassen die Insel Richtung Miami.

***

17. April **1961**. Auf dem Höhepunkt des Kalten Kriegs fügt das kleine Kuba den USA eine traumatische Niederlage zu: Gelenkt von der CIA, landen rund 1500 Exilkubaner in der Schweinebucht, um die Insel von der „kommunistischen Tyrannei" zu befreien. Bereits drei Tage später müssen sie vor Castros Anhängern kapitulieren. Nach dem Fehlschlag verschärfen die USA ihre Wirtschaftsblockade. Kuba rückt noch näher an die Sowjetunion, die zu überhöhten Preisen den kubanischen Zucker kauft und billiges Erdöl liefert. Als im Oktober 1962 bei US-Aufklärungsflügen die geheime Stationierung sowjetischer Atomraketen auf Kuba entdeckt wird, droht der Welt ein Atomkrieg. „Sozialismus oder Tod!", „Sollen sie doch kommen!", rufen die Menschen in den Straßen Havannas. Im letzten Moment lenkt der sowjetische Regierungschef Nikita S. Chruschtschow ein und ordnet den Abzug der Atomraketen an. Im Gegenzug versichert US-Präsident John F. Kennedy, fortan auf jegliche Invasion in Kuba zu verzichten.

1958: Guerilleros – Raúl Castro links, Fidel in der Mitte – in den Bergen der Sierra Maestra

***

August **1994**. Auf selbst gezimmerten Flößen fliehen Zehntausende Kubaner von der bankrotten Karibikinsel. Castro hat die illegale Ausreise vorübergehend straffrei gemacht. Denn Kubas Wirtschaft liegt seit dem Zusammenbruch der Sowjetunion am Boden: Die Zuckerproduktion steht still, nur stundenweise gibt es Strom. Aus Mangel an Devisen öffnet das Regime die Insel für den internationalen Tourismus. Die Luxushotels und Privatstrände für Ausländer schüren zusätzlich den Unmut der Not leidenden Kubaner. 1996 verschärfen die USA erneut ihre Sanktionen. Doch der allseits erwartete Sturz Castros bleibt aus. Hilfe erhält er im neuen Jahrtausend aus Venezuela: Präsident Hugo Chávez, ein Bewunderer Castros, beliefert Kuba mit billigem Erdöl.

2006: Raúl übernimmt die Staatsgeschäfte

19. Februar **2008**. Nach 49 Jahren an der Macht, in denen er zehn Amtsperioden amerikanischer Präsidenten überlebt hat, erklärt Fidel Castro, 81 Jahre alt, seinen Rücktritt als kubanischer Staatschef. Bereits 2006 überließ er wegen eines schweren Darmleidens das politische Tagesgeschäft seinem Bruder Raúl, 76 Jahre alt, der nun neuer Präsident Kubas wird. ■ *Susmita Arp*

Selbst gebaute Hoffnung: Bootsflüchtlinge auf offener See

EMIGRATION

DER EWIGE EXODUS DER ELITEN

Hunderttausende Kubaner haben seit 1959 ihr Land verlassen. Für Fidel Castro war die Auswanderung kein Problem – sie war die Lösung

ES WAR EIN MUTIGER STANDPUNKT, zu dem sich der Vorsitzende des kubanischen Studentenverbandes, Carlos Lage Codorniú, bekannte. „Das Phänomen der Auswanderung", warnte der 26-Jährige, „ist gefährlicher als die Konterrevolution!" Gegen äußere oder innere Feinde könne sich der kubanische Sozialismus erfolgreich behaupten, so seine Argumentation. Aber gegen die Abwanderung brauche es nicht nur eine ideologische, sondern auch eine wirtschaftliche Offensive. Also: bessere materielle Lebensperspektiven.

Eine auf Kuba gewagte These. Denn über Jahrzehnte sah Fidel Castro die Auswanderung von Hunderttausenden als politisch hilfreiches Ventil. Während die Führung der DDR im August 1961 den Bau der Mauer anordnete, ließ der einstige Staatschef alle Unzufriedenen ziehen. Rund 230 000 Kubaner verließen in den ersten vier Jahren nach Castros Machtübernahme das Land. Zwischen 1965 und 1973 wanderten weitere 330 000 aus. 1980 noch einmal 125 000.

Eine Kurzformel des Sozialwissenschaftlers Albert O. Hirschman lautet: Abwanderung untergräbt Widerspruch. Fidel Castro hatte diesen Mechanismus verinnerlicht, auch ohne dessen Bücher gelesen zu haben. Die kubanische Revolution exportierte ihren gesellschaftlichen Konflikt lieber, als ihn im eigenen Land auszufechten.

Anfangs war der Exodus der alten Eliten eine Folge ihrer Entmachtung. Mit der Zeit aber erreichte die Emigration alle sozialen Schichten. Die USA halfen nach Kräften nach – mit großzügigen Finanzhilfen und Sonderregelungen. Noch heute erhält jeder Kubaner, der das Festland erreicht, automatisch Bleiberecht, während andere Einwanderer ohne Papiere umgehend an der Grenze abgewiesen werden. In Mexiko hat dies bereits zum Handel mit gefälschten kubanischen Pässen geführt, mit deren Hilfe sich mexikanische Migranten Aufnahme in den USA erhoffen.

Derzeit leben mehr als 1,5 Millionen Kubaner im Ausland, wenn man die zweite Generation einrechnet, die bereits außerhalb der Insel geboren wurde. Magnet für die Emigranten war stets Miami, weniger als eine Flugstunde entfernt. Eine Stadt, die näher an Havanna liegt als Leipzig an Bonn. 1959 war sie ein verschlafener Badeort für Rentner. Mit dem Zustrom der Kubaner aber wurde Miami zu einer der dynamischsten Metropolen der USA. *Los cubanos* dominieren längst die Stadt. Die größte Zeitung, „The Miami Herald", erscheint täglich in einer englischen und einer spanischen Ausgabe. Miami, sagen manche, gleiche einem kapitalistischen Kuba.

In Kuba selbst schuf die Revolution eine der egalitärsten Gesellschaften der Welt. Dies war jedoch verbunden mit der Entstehung einer umso tieferen Kluft zwischen den Emigranten und der Bevölkerung auf der Insel. In den euphorischen Zeiten des kubanischen Sozialismus zog die Regierung die Grenzen mit scharfem Schnitt. Fidel beschimpfte die Emigranten als „Würmer" und „Abschaum". Die Kubaner auf der Insel waren gehalten, den Kontakt zu den „Verrätern" abzubrechen. Der Riss ging durch viele Familien – bis heute die Grundlage für Verbitterung.

Aber als die sozialistische Welt zwischen Ostberlin und Wladiwostok zusammenbrach, war diese Abschottung nicht aufrechtzuerhalten. In der Notsituation der 1990er Jahre empfahl die Regierung den Kubanern, ihre Familienbande zu reaktivieren. Der US-Dollar wurde legalisiert. Die Geldsendungen der Auslandskubaner an ihre Angehörigen wurden zum Rettungsanker der kubanischen Wirtschaft. Schätzungen gehen von rund einer Milliarde Dollar pro Jahr aus – weit mehr als Kubas Einnahmen aus dem Tabak- und Zuckerexport.

Die Mehrheit der Kubaner auf der Insel hat mittlerweile Verwandte oder Freunde im Ausland. Die Vorstellungen vom Leben in Miami oder New Jersey, in Mexiko oder Madrid sind oft idealisiert. Aber sie sind als Referenzpunkte der kubanischen Gesellschaft nicht wegzudenken. Unter jungen Kubanern in den Städten ist Auswandern ein immer wiederkehrendes Gesprächsthema und zur allgemein akzeptierten Option der Lebensplanung avanciert. Als Raúl Castro im Sommer 2007 das Volk zu einer Debatte „ohne Ängste irgendwelcher Art" rief, gehörte Emigration fast immer zu den genannten Problemen.

Doch die Debatte, die der neue Regierungschef angestoßen hatte, ist ergebnislos im Sande verlaufen. Auch das Plädoyer des 26-jährigen Studentenführers verhallte ungehört. Drei Monate nach seinen Äußerungen wurde Carlos Lage Codorniú seines Amtes enthoben, ohne Angabe von Gründen.

MEINUNGSFREIHEIT

KUBAS WEB 4.0

Das Internet beginnt auch Kuba zu verändern. Blogger machen den Zensoren das Leben schwer

AN DIE ÖFFENTLICHKEIT führen immer mehr Wege: Dissidente Journalisten übermitteln ihre Texte per Telefon ins Ausland, wo sie auf Internetportalen eingespeist werden. Auf YouTube finden Videos, die an den staatlichen Gremien vorbei gedreht wurden, ein weltweites Publikum. Das Spektrum reicht von klandestinen Mitschnitten bei Betriebsversammlungen bis hin zu professionellen, politisch aber nicht genehmen Kurzfilmen wie dem grandiosen „Monte Rouge" von Eduardo del Llano.

Doch ist dies nicht nur Schaulaufen fürs Ausland? Schließlich verteidigt der Staat sein Medienmonopol auch im Online-Zeitalter. Zwar sind E-Mails inzwischen verbreitet, aber das World Wide Web bleibt für Kubaner weitgehend tabu: Privater Zugang ist nicht gestattet, dienstliche Nutzung wird protokolliert. „Antikubanische" Inhalte aufrufen? Verboten! Weil die Kontrolle so gründlich ist, erscheinen kleine Übertritte wie unter einem Vergrößerungsglas. Die Courage des Studenten Eliécer Ávila zum Beispiel, der bei einer Universitätsversammlung den Mut fand, einen hochrangigen Funktionär mit jenen Frustrationen zu konfrontieren, die Kubaner sonst für sich behalten. Am Tag darauf war sein Auftritt als Videomitschnitt auf bbc.com und YouTube zu sehen. Und Ávila über Nacht bekannt geworden.

Unzensierte Stimme im Netz: Yoani Sánchez

„Wir Kubaner haben ein Web 4.0, das ohne Kabel oder Modem auskommt – das sogar nicht mal einen Computer braucht", sagt Yoani Sánchez, prominentester Kopf der kritischen Internet-Avantgarde Kubas. Seit April 2007 lässt sie in ihrem Blog „Generación Y" die Welt an ihrem Alltag teilhaben. Das Web 4.0, von dem sie spricht, ist der Flurfunk der Gesellschaft, über den all das ausgetauscht wird, was in Zeitung, Radio und Fernsehen nicht stattfinden kann. Es ist ein Mund-zu-Mund-Medium, neuerdings unterstützt durch USB-Sticks, selbst gebrannte DVDs und Skype.

„Information", sagt die Bloggerin, „erweist sich jeden Tag mehr als feiner Sand, der den Zensoren zwischen den Fingern zerrinnt." ■ *Bert Hoffmann*

SELBSTBEWUSSTSEIN

DIE OLYMPISCHE GENUGTUUNG

Sport ist in Kuba nicht Neben-, sondern Chefsache. Durch vorbildliche Talentförderung wurde das kleine Land zu einer sportlichen Großmacht

ALS KUBA BEI DEN OLYMPISCHEN SPIELEN 2008 nur zwei Goldmedaillen gewann, zürnte Fidel Castro. Noch vom Krankenbett aus schrieb er eine wütende Brandschrift gegen die korrupte Kampfrichtermafia, die sein Land systematisch um Siege betrogen habe. Olympia war für ihn stets die Bühne, um der Welt die Überlegenheit des kubanischen Modells zu beweisen. Die Insel mit nur 11,4 Millionen Einwohnern fuhr regelmäßig mehr Medaillen ein als alle anderen Staaten Lateinamerikas zusammen. Nun von Jamaika oder Brasilien übertrumpft zu werden, ist ein Politikum ersten Ranges. Ein weiterer Schlag war es, dass Kubas Nationalsport in Peking zum vorerst letzten Mal olympisch war: Baseball wurde aus der Liste der olympischen Disziplinen gestrichen. Nirgendwo zeigt sich die kulturelle Nähe zwischen Kuba und den USA deutlicher als in der gemeinsamen Begeisterung für Baseball. Nirgends aber ist auch die Kluft zwischen den Einnahmemöglichkeiten größer. Spitzensportler genießen in Kuba Privilegien, doch diese verblassen gegen die Millionen, mit denen die U. S. Major League die Baseball-Helden der Insel lockt. Schon vor der Revolution war Kuba Rekrutierungsfeld der US-Profiligen. Castro, 1944 als vielseitigster Schulsportler Kubas ausgezeichnet, glänzte im Baseball als Werfer. Joe Cambria, ein Talentscout der Washington Senators, lud ihn zweimal zu Testspielen. Am Ende erhielt Castro dann aber doch kein Vertragsangebot.

Helden der Straße: Jung-Baseballer nach einem Match

FILM

LEINWANDFREIHEIT

Trotz Zensur und knapper Mittel hat das kubanische Kino bemerkenswerte Filme hervorgebracht

Großes Kino – schon vor einem Film: Das »Cine Payret« in Havanna fasst 1800 Menschen

SOLCHE FILME will Fidel Castro nie wieder sehen: Im Hollywood-Musical „Guys and Dolls" braucht der New Yorker Glücksspieler Sky (Marlon Brando) im Jahr 1955 nur eine Nacht in Havanna, um der Heilsarmistin Sarah (Jean Simmons) ihre Zugeknöpftheit auszutreiben – mithilfe von Rum-Milchshakes, karibischen Rhythmen und exotischem Flair. Berauscht sinkt Sarah in seine Arme. Kuba, Insel des sündigen Vergnügens.

Vier Jahre später setzt Castros Revolutionsregierung alles daran, dieses Bild auszulöschen. Ende März 1959, drei Monate nach dem Sieg der Rebellen, wird das Filminstitut ICAIC gegründet: die erste kulturelle Institution der neuen Zeit. Den Revolutionären ist das Kino wichtig, weil das Volk schon vor dem Umsturz massenhaft in die Filmtheater geströmt war. Kubanische Produktionen hatte es aber selten gesehen. Kaum ein anderes lateinamerikanisches Land war umfassender von Hollywood beliefert.

1960 veröffentlicht das ICAIC seine erste Produktion: „Historias de la Revolución", einen Film des Regisseurs Tomás Gutiérrez Alea über den Guerillakrieg. Er dokumentiert den Anspruch des neuen kubanischen Kinos: Filme sollen dem revolutionären Projekt dienen. Humberto Solás, bis zu seinem Tod im September 2008 einer der zentralen Filmemacher des ICAIC, sagt: „Ich glaube nicht, dass ein Land ohne eigene Filmproduktion zu einem reifen nationalen Selbstverständnis gelangen kann. Die Kunst ist ein zentrales Element bei der Herausbildung des Nationalbewusstseins."

Mit seinem Film „Lucía" illustriert Solás 1968, was er damit meint. Er lässt drei Heldinnen namens Lucía in drei – unterschiedlich inszenierten – Epochen der kubanischen Geschichte gegen Unterdrückung und Machismo antreten. Erst die dritte, revolutionär gesinnte Lucía kommt zu ihrem Recht.

Im gleichen Jahr bringt Gutiérrez Alea ein bemerkenswertes Stück Geschichtsschreibung auf die Leinwand: In „Memorias del subdesarrollo" („Erinnerungen an die Unterentwicklung") begleitet er einen bourgeoisen Zauderer durchs Havanna der Jahre 1961/62. Der bürgerliche Antiheld gehört zwar einer überlebten Klasse an, aber er besitzt Sensibilität für die Fehler der jungen Revolution. Mit seiner kritischen Bestandsaufnahme stößt der Film auf Ablehnung bei den politischen Kadern. Gutiérrez Alea muss anschließend seine Regimetreue beteuern. Heute gilt der Film als Meisterwerk des kubanischen Kinos.

Daraufhin produziert das ICAIC jedes Jahr drei bis fünf Filme, meist Historiendramen oder Alltagskomödien. Nach Solás' vierstündigem Kolonialmelodram „Cecilia" von 1982, das fast einen Jahresetat frisst und trotzdem misslingt, verabschiedet sich das ICAIC von teuren Kostümepen, verringert die Budgets und gibt jüngeren Regisseuren eine Chance.

Daniel Díaz Torres sorgt 1991 mit „Alicia im Ort der Wunder" für einen Skandal. Seine komödiantische Parabel auf ein Dorf sozialistischer Nachsitzer, die mit absurden Therapien zur Räson gebracht werden sollen, verschwindet nach vier Tagen aus den Kinos. Mit der Begründung, der Film lasse „das historische Projekt der Revolution zu einer verleumderischen Karikatur zusammenschrumpfen".

Deutliche Regimekritik vermeidet das ICAIC in seinen Projekten meist im Vorfeld. Aber in der Regel verteidigt das Filminstitut eine liberalere Linie als die übliche Kulturbürokratie. 1993 nutzt Tomás Gutiérrez Alea noch einmal allen Spielraum und dreht mit „Fresa y Chocolate" („Erdbeer und Schokolade") ein neues Meisterwerk. Der Film schildert die Freundschaft zwischen einem linientreuen Studenten und einem regimekritischen Schwulen, mit viel Witz, Scharfsinn und Mitgefühl.

Keinem Werk des kubanischen Kinos ist seitdem eine vergleichbare Balance geglückt. Nur Fernando Pérez kommt ihr 2003 nahe, in seinem halb dokumentarischen Stadtpanorama „Suite Habana".

Pérez' bisheriges Gesamtwerk bietet ein gutes Beispiel für den Wandel des kubanischen Kinos. Sein Debütfilm galt noch revolutionären Rebellen; seither dominieren Tagträumer auf dem Abstellgleis. Denn historische Heldenfiguren tauchen heute im kubanischen Film kaum noch auf. Die ewige Wirtschaftskrise hat einen neuen „Helden"-Typus geschaffen: den Überlebenskünstler, der allen Widrigkeiten zum Trotz guter Hoffnung bleibt. Er tritt meist in turbulenten Tragikomödien mit kritischen Untertönen auf. Seine Botschaft könnte lauten: Du hast keine Chance, aber nutze sie.

Tomás Gutiérrez Alea hatte 1994, in einem Interview zwei Jahre vor seinem Tod, noch eine andere Formel für die kubanische Malaise parat: Das Drehbuch des Sozialismus sei ausgezeichnet – die Inszenierung jedoch eine Katastrophe.

BILDENDE KUNST

FANTASIE, AUS NOT GEBOREN

Bildhauer und Maler experimentieren auf Kuba oft mit »armen« Materialien. Dabei entstehen Werke, die um eines kreisen: den Alltag auf der Insel

EIN MIKROFON IM DÄMMERLICHT, rechts und links zwei Lautsprecher, aus denen Fragmente klassischer Castro-Reden dröhnen. Wer vor das Mikro tritt, spürt, wie sogar der Holzboden unter der Gewalt des allmächtigen Redners vibriert. „Autobiographie" hieß die Installation, die Tania Bruguera auf der Kunst-Biennale in Havanna zeigte: ein Kommentar zu den Bedingungen, unter denen man in Kuba die eigene Stimme finden muss. Bruguera, geboren 1968, gehört einer Generation von Künstlern an, deren Arbeiten fast zwanghaft um ihr Land und dessen verflixte Sonderrolle kreisen. Die Insel und das Boot sind Lieblingsmotive der „neuen kubanischen Kunst", die erstmals Anfang der 1980er Jahre von sich reden machte. Alexis Leyva Machado, genannt Kcho, montierte bootsförmige Objekte aus Alltagsgegenständen, Marta Maria Pérez Bravo band sich Ruder an den nackten Körper, Sandra Ramos malte sich selbst in Form der kubanischen Insel, versehen mit dem Text „Der verdammte Umstand, überall von Wasser umgeben zu sein".
Die meisten Vertreter der neuen kubanischen Kunst sind nach wie vor aktiv, aber nur wenige leben noch dauerhaft auf der Insel. Manche pendeln, um die Tuchfühlung nicht zu verlieren und dicht am Thema zu bleiben. Tania Bruguera ist eine von ihnen. Sie hat das Land verlassen und kommt saisonweise zurück. An Havannas Kunsthochschule, einem paradiesischen Ort weitab vom Stadtzentrum, unterrichtet sie Performance-Kunst. Von ihren Schülern wird in den nächsten Jahren Kubas neue Kunstbewegung ausgehen – sofern der wertvolle Nachwuchs nicht schon vor der Reife das Land verlässt.

Kubanisches Recycling: Kühlschrank als Kunstobjekt

LITERATUR

GEHEN ODER BLEIBEN?

Für Kubas Autoren stellt sich mit jedem neuen Buch, das wieder nicht verlegt wurde, die Existenzfrage

WENDY GUERRAS WUNSCH FÜR DIE ZUKUNFT klingt bescheiden und utopisch zugleich: „Durch Havanna spazieren mit jenen Freunden, die seit drei Generationen Adiós sagen." Guerra gehört zu Kubas literarischen Hoffnungsträgern, dabei ist ihr Debütroman auf der Insel bisher nicht verlegt worden. Womöglich hat es mit dessen Titel zu tun: „Alle gehen fort". Das Buch handelt zwar vor allem vom Heranwachsen, ist aber auch ein verzweifelter Kommentar zum Exodus zahlloser Autoren, Künstler und Intellektueller.

Autor der »Schmutzigen Havanna-Trilogie«: Pedro Juan Gutiérrez

Wendy Guerra, 1970 geboren, lebt in Havanna. Es geht ihr wie vielen Kollegen, die auf die Heimat als Inspirationsquelle nicht verzichten möchten. Sie alle befürchten mit gutem Grund, im Exil erst recht nicht von Kuba loszukommen. So wie es Guillermo Cabrera Infante erging, dem berühmtesten Exilanten der vergangenen 50 Jahre. Als sein Klassiker „Drei traurige Tiger" 1967 erschien, lebte der Schriftsteller in London. Bis zu seinem Tod 2005 litt er – in den Worten der spanischen Tageszeitung „El País" – an „einer unheilbaren Krankheit namens Kuba". Cabrera Infantes jüngstes, 2008 posthum erschienenes Buch „Die unbeständige Nymphe" zehrt von den Erinnerungen des Erzählers an die Boheme des vorrevolutionären Havanna. Abilio Estévez, 1954 geboren und einer der bekanntesten lebenden Autoren Kubas, entwickelt sich zu einem ähnlichen Fall.

Weiterhin in Havanna leben dagegen die literarischen Größen Pedro Juan Gutiérrez und Leonardo Padura. Auch Ena Lucía Portela, 1972 geboren und ein Talent wie Wendy Guerra, harrt aus. Sie hat, nach vielen Erzählungen vom alltäglichen Überlebenskampf, gerade statt sich selbst die Literatur „exiliert": Ihr jüngstes Werk „Djuna & Daniel" spielt in Paris. ■ *Merten Worthmann*

KONJUNKTUR

ZWISCHEN MARX UND MARKT

Raúl Castro hat versprochen, die Wirtschaft effizienter zu organisieren. Doch auf echte Reformen warten die Menschen bis heute vergeblich

Hier ist Freiheit – »Libertad« – nur ein Wort an der Wand: staatliche Bäckerei in Havanna

DAS PARADIES bleibt unerreichbar, hoch über den Köpfen der Kubaner. Aus Füllhörnern, in Stein gehauen über dem Eingangsportal der Markthalle „Cuatro Caminos“ in Habana Vieja, ergießen sich Obst und Gemüse im Überfluss. Die Halle ist ein Prachtbau aus dem 19. Jahrhundert, doch vom einstigen Glanz ist wenig geblieben.

In den Jahren nach 1989 stürzte der Zusammenbruch des Ostblocks Kuba in eine Krise. Castro verfügte die „Sonderperiode in Friedenszeiten“, eine Quasi-Kriegswirtschaft. Bauernmärkte galten als Keimzellen kapitalistischer Ideologie. Der Verkauf „Geld gegen Ware“ wurde praktisch abgeschafft; Lebensmittel waren nur noch über das staatliche Rationierungsbüchlein erhältlich. Der Wert des kubanischen Peso fiel, bis ein Monatslohn von 200 Pesos auf dem Schwarzmarkt noch anderthalb US-Dollar wert war. Auf den Holztischen von „Cuatro Caminos“ sammelte sich fortan Staub.

Im Sommer 1994 entlud sich der Unmut in Unruhen; Hunderte Menschen protestierten, schlugen Schaufensterscheiben ein. Die Regierung öffnete die Seegrenzen; eine Massenflucht von mehr als 30 000 Kubanern folgte. Es waren Wochen der Untergangsstimmung.

Doch dann, nur acht Tage nachdem Fidel Castro die Seegrenzen wieder geschlossen hatte, folgte der Auftritt seines Bruders. Raúl Castro verkündete die Wiedereröffnung von Märkten für landwirtschaftliche Produkte, deren Preise durch Angebot und Nachfrage bestimmt würden. Auch Arbeit auf eigene Rechnung und private Kleinrestaurants wurden unter vielen Auflagen zugelassen. „Nahrungsmittel“, so der Verteidigungsminister damals, „sind die oberste politische, militärische und ideologische Priorität.“ Die Preise auf den Märkten mögen hoch sein, räumte er ein, doch immer noch niedriger als auf dem Schwarzmarkt. Für einen sozialistischen Staat eine bemerkenswert pragmatische Argumentation.

Der Reformschwung verpuffte jedoch bald. Fidel Castro sah in der Öffnung ungeliebte Zugeständnisse an eine bourgeoise Mentalität. Just in dem Maße, wie sich die Lage stabilisierte, wurden die Marktreformen über hohe Steuern und verschärfte Kontrollen wieder gestutzt.

Als Raúl Castro im Sommer 2006 die Amtsgeschäfte von seinem Bruder übernahm, rief dies sein Votum für freiere Märkte in Erinnerung. In Reden und Interviews machte Raúl deutlich, dass er um die prekäre Stimmung in der Bevölkerung wisse. Statt Triumphmeldungen, die im 50. Jahr der Revolution vor allem Ermüdung hervorrufen, hielt Realismus Einzug. Der neue Staatschef sprach die Sorgen und Nöte der Kubaner an: die unzureichenden Löhne und die mangelnde Kaufkraft des Peso, die Versorgungsmängel und die Kluft zwischen jenen, die Zugang zu Devisen haben, und allen anderen. Raúl Castro wandte sich auch gegen den Irrsinn, die Hälfte der kubanischen Agrarfläche brachliegen zu lassen und zugleich Millionen für den Import von Fleisch, Reis und Zucker auszugeben.

In vorsichtigen Schritten skizzierte er seine Reformagenda, deren erster Punkt die Wiederbelebung der heimischen Landwirtschaft sein sollte: Verpachtung von Staatsland an Kleinbauern; höhere Ankaufspreise für Süßkartoffeln und andere Erzeugnisse; Etablierung legaler Märkte für Dünger, Werkzeuge und Maschinen – und weniger Gängelung durch Planvorgaben. Darüber hinaus gab Raúl Castro Mobiltelefone und Computer, die zuvor nur Ausländer besitzen durften, zum Verkauf an Kubaner frei.

Die Hoffnung auf einen „chinesischen Weg“ machte die Runde. Doch von diesem ist Kuba weit entfernt. Raúl Castros Reformen sind begrenzt, er gilt nicht als allmächtiger Comandante en Jefe, sondern er ist oberster Verwaltungskader des Landes, der verschiedene Interessen innerhalb der Kommunistischen Partei, der Armee und des Staatsapparats ausbalancieren muss. Auf den Märkten wird das Pendel deshalb noch einige Male hin- und herschwingen.

EMBARGO

BUSINESS TROTZ BLOCKADE

Die USA sind der größte Feind der Revolutionsregierung, aber auch einer ihrer wichtigsten Handelspartner

DAS GESCHÄFT BLÜHT. Auf fast 600 Millionen Dollar beliefen sich die US-amerikanischen Exporte nach Kuba im Jahr 2007. Die USA sind nicht nur Kubas wichtigster Feind, sie sind auch sein fünftwichtigster Handelspartner. Und dies trotz der „Blockade", wie es die Regierung in Havanna nennt, oder des „Embargos", wie es in Washington heißt.

Das Handelsverbot, das die Vereinigten Staaten 1962 über Kuba verhängten, gilt als die am längsten währende Wirtschaftssanktion der neueren Geschichte. Und auch als eine der erfolglosesten. Als Castro nach dem Sieg seiner Revolution Ländereien und Fabriken amerikanischer Unternehmen beschlagnahmen ließ, versuchte US-Präsident John F. Kennedy, den Rebellen mit Wirtschaftssanktionen wieder auf Linie zu bringen. Ohne die USA als Abnehmer für die Zuckerernte, für Rum und Musik, ohne Touristen, Nahrungsmittelimporte, Ersatzteile aus dem Norden würde Castro einlenken müssen, so das Kalkül.

Doch als die USA den Handel mit Kuba unterbanden, sprang die Sowjetunion ein und wurde für drei Jahrzehnte Kubas Mäzen. Ökonomisch lief das Embargo damit ins Leere. Politisch wurde es zum Evergreen, zum ewigen Sieg des David, der sich gegen Goliath behauptet – eine Trumpfkarte in der Rhetorik der kubanischen Regierung. Erst nach 1989, als plötzlich auch das sozialistische Kuba auf den Weltmarkt angewiesen war, traf das Embargo die Insel mit großer Wucht. Es greift bis heute umso härter, je mehr sich die Regierung in Havanna zum Handel mit dem kapitalistischen Westen durchringt. So behindert das Embargo effektiv die Öffnung Kubas, statt sie zu befördern. Während Kanadier und Europäer, Lateinamerikaner und Chinesen Geschäfte mit und auf Kuba machten, wurden Unternehmen aus den Vereinigten Staaten zunehmend ungeduldig. Insbesondere in den landwirtschaftlich geprägten US-Bundesstaaten wuchs der Druck auf Washington. Mit Erfolg: Seit der Jahrtausendwende gibt es für Agrarprodukte Ausnahmen vom Embargo. In der Folge avancierten die USA stillschweigend zu Kubas wichtigstem Nahrungsmittellieferanten.

Omnipräsente USA: Plakat an der Uferpromenade der Hauptstadt

ABHÄNGIGKEIT

ALTE MUSTER

Erst die UdSSR, heute Venezuela: Ohne Klüngel kann Kubas Wirtschaft offenbar nicht überleben

KUBAS REVOLUTIONÄREN ist es gelungen, zwei Dinge zu Geld zu machen, die in Lehrbüchern der Volkswirtschaft nicht vorgesehen sind. Über drei Jahrzehnte hinweg nutzte Castro die geostrategische Lage der Insel, um als Vorposten des Sozialismus Milliarden-Subventionen von der Sowjetunion zu erhalten. Heute gelingt es Kuba in den Beziehungen zu Venezuela, Ideologie in ökonomische Unterstützung umzumünzen.

Das Bündnis mit Venezuela beschert der Insel seit Jahren wirtschaftliche Wachstumsraten, ohne dass sich die Produktivität der kubanischen Ökonomie verbessert hätte. Denn während Venezuelas Präsident Hugo Chávez im Ölreichtum seines Landes schwimmt, bietet Fidel Castro ihm symbolisches Kapital: die ideologischen Weihen für Chávez' Projekt eines „Sozialismus des 21. Jahrhunderts", dessen Ambitionen weit über Venezuela hinausreichen.

Seit Chávez' Wahlsieg 1999 sind die Beziehungen zu Kuba immer enger geworden. Zwischen Castro und Chávez wurde eine emphatische Vater-Sohn-Verbindung inszeniert, die ihren Höhepunkt am Krankenbett Fidel Castros erreichte. In unübersehbarer Bildsprache machte der alte Comandante den venezolanischen Staatschef zu seinem Erben für das Projekt der antiimperialistischen Revolution, die Lateinamerika vom Joch des US-Imperialismus befreien soll.

Ökonomisch ist dieses Arrangement für Kuba überaus vorteilhaft. Venezuela liefert großzügig Öl und finanziert teure Investitionen; im Gegenzug entsendet Kuba Tausende Ärzte, Krankenschwestern und Lehrer nach Caracas.

Raúl Castro hat den Kubanern wiederholt gesagt, dass man nur so viel konsumieren könne, wie man produziere. Dies mag wie eine Binsenweisheit klingen. Aber es erinnert daran, dass die Lichter schon einmal ausgegangen sind: Als die „ewige Freundschaft" mit der Sowjetunion am Ende war. Und es transportiert die Mahnung, dass auch die Sonderbeziehungen mit Venezuela zeitlich befristet sein könnten. ■ *Bert Hoffmann*

Vater-Sohn-Beziehung: Hugo Chávez am Krankenbett von Fidel Castro

Strategische Entspannung:
Schach wird auf Kuba fast ebenso
oft gespielt wie Domino

service

Die wichtigsten Tipps — KUBA

IM LAND DER LEBENSKÜNSTLER

Freundliche Menschen, solide Infrastruktur: Kuba ist ein zugängliches Reiseland. Wer die nötige Gemütsruhe mitbringt, wird sich auf der Insel gut aufgehoben fühlen

ORIENTIERUNG

Erste Informationen bietet das **Kubanische Fremdenverkehrsamt**, *Tel. 069/28 83 22, www.cubainfo.de*. Alternativ: *www.cubatravel.cu*, die Dependance auf der Insel. Vor Ort gibt es in allen großen Hotels und in den Städten Anlaufstellen für Individualreisende: die **Infotur-Büros**, in denen staatliche Reiseveranstalter wie Cubatur, Havanatur oder Rumbos Ausflüge, Mietwagen, Unterkünfte oder Flüge vermitteln.

ANREISE

Direkt aus Deutschland in rund zehn Stunden: **Air Berlin** fliegt dreimal pro Woche nach Varadero (von Düsseldorf, München und Berlin); **Condor** von Frankfurt aus dreimal pro Woche nach Varadero, zweimal nach Holguín und einmal nach Havanna. Fast täglich fliegen **Iberia** und **Air France** (über Madrid oder Paris) nach Havanna. Flüge kosten um 800 €; Billigangebote sind selten, wenn, dann liegen sie kaum unter 500 €. Nicht anvertrauen sollten Sie sich der staatlichen kubanischen Fluglinie **Cubana de Aviación**. Diese steht zwar nicht mehr auf der schwarzen Liste der EU, hat aber, was Überbuchungen und Service angeht, keinen guten Ruf.

EINREISE

Besucher benötigen einen mindestens sechs Monate gültigen Pass und eine **Touristenkarte**. Wer diese nicht automatisch bei Buchung vom Reiseveranstalter erhält, muss sie für 22 € beim Konsulat der kubanischen Botschaft kaufen. Senden Sie dazu eine Passkopie, das im Internet unter *http://emba.cubaminrex.cu/Default.aspx?tabid=10229* abzurufende Formular und den Betrag als Verrechnungsscheck an: **Kubanisches Konsulat**, *Gotlandstr. 15, 10439 Berlin*. Kalkulieren Sie mindestens zehn Tage Bearbeitungszeit ein, ohne Touristenkarte werden Sie nicht ins Flugzeug gelassen!

AUSREISE

Wer mehr als 50 **Zigarren** ausführen möchte, muss nachweisen, dass er sie in einem staatlichen Tabakladen gekauft hat – durch Original-Kiste mit Hologramm und Quittung. Für die Ausfuhr von **Gemälden** und **Grafiken** (DIN-A3-Format und größer) sowie Antiquitäten und Plastiken bedarf es einer Genehmigung vom **Fondo Cubano de Bienes Culturales**, die entweder der Künstler oder eine Kunstgalerie vor Ort ausstellt.

UNTERWEGS IM LAND

Adressen werden auf Kuba zur besseren Orientierung meist in Verbindung mit den nächsten Querstraßen angegeben: „Trocadero 55 e/Prado y Zulueta, Habana Vieja" bedeutet: Trocadero-Straße Nr. 55, e/ (*entre* – zwischen den Straßen) Prado und Zulueta im Stadtviertel Habana Vieja. „Oficios 53 esq. Obrapía" heißt Oficios-Straße Nr. 53, Esquina a (an der Straßenecke mit der) Obrapía-Straße. Das Haus befindet sich also an der Ecke, an der sich Oficios und Obrapía kreuzen. Alle Städte und Touristenzentren auf Kuba lassen sich mit Bussen gut erreichen; für abgelegene Gegenden empfiehlt sich ein Mietwagen. Einzelheiten zur Fortbewegung siehe Seite 35. Seit November 2008 fährt sonntags ein Zug aus den 1920er Jahren von Havanna nach Hershey, wo der amerikanische Schokoladenkönig gleichen Namens ein Zuckerimperium unterhielt. Für die Fahrt braucht die alte Lok gut zwei Stunden, die eine Salsa- →

Gute Aussichten für Urlauber: In den obersten Etagen des Habana-Libre-Hotels sind spektakuläre Blicke über Havanna inklusive

Spitzenmäßige Hotellerie: das Saratoga in Havanna. In seinem Pool spiegelt sich das Capitolio, und der Blick reicht übers Meer

Band an Bord versüßt. In Hershey folgt eine Führung durch die ehemalige Zuckerfabrik. Buchung über **Cuba Real Tours**, *Tel. 07/866 42 51, www.cubarealtours.com, 60 €.*

UNTERKÜNFTE

Traumhafte Kolonialarchitektur, aber schlaffer Service; liebenswerte Concierges, doch mittelmäßiges Essen: Hotels auf Kuba bieten manchmal ein enervierendes Kontrastprogramm. Wer mit karibischer Gelassenheit reist und großzügig Trinkgeld zahlt, wird sich aber meist gut aufgehoben fühlen. Unterkünfte gibt es in allen Städten der Insel, eine nennenswerte Auswahl aber nur in Havanna. Billige Hotels kosten ab 30 €; ab etwa 60 € lassen sich Zimmer in alten Kolonialpalästen mieten. Wer Pool, Internet-Café und europäischen Standard erwartet, muss mit mindestens 90 € pro Nacht kalkulieren.
Weit mehr Flair bieten ab 25 € pro Nacht private Unterkünfte: die **Casas Particulares**, siehe Seite 62. Sie sind – meist – leicht zu erkennen: an einem blauen Anker auf weißem Grund. Eine Reservierung ist angeraten, aber nicht unbedingt nötig. Vermieter, deren Räume ausgebucht sind, verweisen gern an Nachbarn weiter.

REISEZEIT

Die Monate **März bis Mai** sind optimal für eine Reise. Im **Juli und August** wird es drückend heiß: Havanna 32 Grad, im Osten 35 Grad, 70 Prozent Luftfeuchtigkeit. Im **Dezember und Januar** sorgen Kaltfronten immer wieder für kühle Tage: 15 Grad, kalter Wind, keine Heizung. Von **Juni bis November** drohen Hurrikane. Für Touristen besteht in der Regel aber keine Gefahr: Kuba verfügt über ein weltweit vorbildliches **Sturmbereitschaftssystem**, das weitaus effizienter ist als etwa das der Vereinigten Staaten. Bereits Tage vor Ankunft eines Hurrikans werden Bevölkerung und Besucher mit Bussen in sichere Zonen gebracht, das Fernsehprogramm informiert pausenlos über die heranziehende Sturmfront. So kommt es, dass selbst bei schweren Stürmen, die in benachbarten Ländern Dutzende Menschen das Leben kosten, in Kuba häufig nicht einmal Verletzte zu beklagen sind.

FOREN, BLOGS UND COMMUNITYS

www.cubaabsolutely.com
Online-Ausgabe der Zeitschrift „Cuba Absolutely" mit Veranstaltungskalender, über den Link „What's On Cuba"; englisch.
www.cubaencuentro.com
Wichtigste kubanische Exilzeitschrift, spanisch.
www.cubaradiso.com
Gut recherchierte und ständig aktualisierte Website für Casas Particulares, günstige Privatunterkünfte; englisch und spanisch.
www.cuba-si.de
Kuba mit wohlwollendem Blick gesehen: die Internet-Heimat einer Arbeitsgemeinschaft der Partei „Die Linke", die der kubanischen Regierung in Solidarität verbunden ist.
www.desdecuba.com/generationy_de
Kubas wichtigste Bloggerin Yoani Sánchez schreibt Miniaturen aus dem Alltag: schlicht, lustig, frustrierend.
www.havana-cultura.com
Exzellente Seite mit Video-Interviews und Vorführungen von jungen kubanischen Tänzern, Musikern und anderen Kreativen. Aufwendig, gesponsert von der Rum-Marke „Havana Club".
www.thehmagazine.com
Havanna schrill und cool: das Magazin „The H" online. Foto-Portfolios, Veranstaltungskalender für Havanna; englisch.
http://cubarealtours.com/cuba_info.php
Gute Basisinformationen zur Reisevorbereitung.

REISEKASSE

Kuba ist kein billiges Reiseland, die Preise in Bars und Restaurants liegen teils auf europäischem Niveau.
Touristen bezahlen auf Kuba fast alles mit dem **Peso Cubano Convertible** (CUC). Im Januar 2009 lag der Kurs der Währung, der mit dem US-Dollar steigt und fällt, bei 1,24 CUC für 1 €. Daneben existiert der **Peso Cubano** (CUP), auch Moneda Nacional (MN) genannt. Für 1 CUC gibt es in den „Cadeca"- Wechselstuben 24 CUP. Kubaner verdienen monatlich im Schnitt 400 CUP, also etwa 17 CUC oder umgerechnet 13 € – bezahlen aber nur Cent-Beträge für Miete, Strom und Grundnahrungsmittel.
Tauschen Sie gleich am Flughafen Geld. „Casas de cambio", die kurz **Cadeca** genannten Wechselstuben, bieten in den Städten Gelegenheit zum Devisentausch. Sie sind häufig in Hotels untergebracht und geben – ebenso wie Banken – Bargeld auch gegen Kreditkarte plus Reisepass aus.
VISA, MasterCard und **europäische Reiseschecks** werden akzeptiert; allerdings sind in Restaurants, an Tankstellen und in Shops die Zahlterminals häufig defekt – dann gibt es Ware nur gegen Bargeld. In manchen touristischen Regionen wie Varadero ist auch der Euro als offizielles Zahlungsmittel zugelassen.
Achtung, nirgendwo akzeptiert werden: EC-Karten, alle amerikanischen Kreditkarten und Travellerschecks (American Express, Diners Club, Citibank).

SICHERHEIT

Kuba gehört zu den sichersten Reiseländern Lateinamerikas. Trotzdem ist es ratsam, abgelegene Straßen bei Nacht zu meiden, insbesondere im nicht sanierten Teil von Habana Vieja, in Centro Habana und in Santiago de Cuba. Und auch wenn der gewohnheitsmäßige Betrug in Restaurants und Bars nachgelassen hat: Bei mehr als zwei Getränken lohnt es sich, die Rechnung im Kopf zu überschlagen.

GESUNDHEIT

Die medizinische Versorgung für Touristen hat **europäisches Niveau**. Dafür steht ein Netz internationaler Kliniken und Apotheken zur Verfügung, in denen mit Devisen bezahlt werden muss. Es ist ratsam, eine **Reisekrankenversicherung** abzuschließen.

KOMMUNIKATION

Wichtig für Telefonate: Die **Zeitverschiebung** nach Kuba beträgt sechs Stunden – die von der MEZ abzuziehen sind (12 Uhr Deutschland entspricht 6 Uhr morgens auf Kuba). Die **internationale Vorwahl** lautet 0053, für Havanna 0053-7. Beim Telefonieren von Provinz zu Provinz muss der städtischen Vorwahl eine Null vorangesetzt werden. Wer von Holguín nach Havanna telefoniert, wählt also 07-, umgekehrt von Havanna nach Holguín 024-. Wer innerhalb einer Stadt anruft, lässt die Vorwahl komplett weg. Kubanische Mobiltelefonnummern beginnen mit 05-.
Öffentliche Fernsprecher funktionieren nur sporadisch, **deutsche Mobiltelefone** dagegen ohne Probleme, doch Vorsicht: Die Gebühren sind exorbitant hoch, mindestens 2,50 €/Minute. Wer auf Kuba ein eigenes Handy haben möchte, kann am Flughafen und bei der staatlichen Telefongesellschaft ETECSA *(www.etecsa.cu)* für die Zeit des Aufenthalts einen **Prepaid-Vertrag** abschließen: 2,50 € Gebühr pro Tag, GSM-Chip, Anrufe 40 Cent pro Minute. Anrufe aus dem kubanischen Festnetz nach Deutschland kosten mehr als 3 € pro Minute. **Internetzugang** für Ausländer bieten die meisten Hotels.

Wohnen wie zu kolonialen Zeiten: das Hotel Florida

VERANSTALTER

Alle großen Reiseveranstalter haben irgendein Kuba-Angebot im Programm, doch eine klassische Pauschalreise wird dem Land nicht gerecht. Besser lässt sich Kuba auf eigene Faust erkunden. Oder mithilfe einiger spezialisierter Kleingruppenveranstalter, die einen intimen Blick ins kubanische Alltagsleben ermöglichen.

■ **Aventoura,** *Tel. 0761/211699-0, www.aventoura.de.*
Aventoura hat sich auf „Begegnungsreisen" spezialisiert. „Cuba para la familia" etwa ist ein ökotouristisches Angebot, das Kontakte zu kubanischen Familien ermöglicht: 16 Tage, ab 2148 €.

■ **Cuba Real Tours,** *Tel. 0053-7/8664251, www.cubarealtours.com.*
Das größte deutschsprachige Reisebüro in Havanna mit mehr als 20 Mitarbeitern; Büroleiter Bernd Herrmann gehört zu den profiliertesten Touristikern auf Kuba.

■ **Miller Reisen,** *Tel. 07529/971355, www.miller-reisen.de.*
Kuba-Spezialist Wolfgang Rassmann bietet gut durchdachte Kleingruppenreisen, etwa „Cuba Clásica", 13 Tage ab 2295 €, Mietwagenreisen für Selbstfahrer und eine 7-Tage-Rundreise ab 735 € ohne Flug, die sich an eine Badereise anhängen lässt.

■ **Profil-Cuba-Reisen,** *Tel. 02451/4901598, www.profil-cuba-reisen.de.*
Veranstalter, der seine Kunden bewusst mit den Menschen vor Ort in Berührung bringen möchte. Beispielsweise bei zwei- bis dreiwöchigen anspruchsvollen Fahrrad-Trekking-Touren ab 1895 €. Oder während der Reise „Cuba von Innen" ab 2050 €.

GUT ZU WISSEN

Mitbringsel, über die sich Kubaner freuen: vor allem Kleidung, auch Unterwäsche und Marken-Turnschuhe. Außerdem: USB-Sticks, MP3- und DVD-Player.

BÜCHER

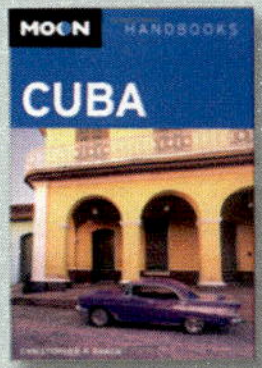

■ **Christopher P. Baker: Cuba.** *Moon Handbooks, 2006, 16,20 €.* Der mit Abstand beste Reiseführer: Adressen auch von Privatunterkünften. Ebenfalls brauchbar, vor allem für Individualreisende, sind **Norman/McAuslan: Kuba.** *Stefan Loose Travel Handbücher, 2005, 21,95 €* und **Munderloh/Langenbrinck: Cuba.** *DuMont Richtig Reisen, 2008, 22,95 €.*

■ **Leonardo Padura: Der Nebel von gestern.** *Unionsverlag, 2008, 19,90 €.* Ex-Polizist Mario Conde versucht das Verschwinden einer Bolero-Sängerin vor einem halben Jahrhundert aufzuklären. Paduras Figuren, die vordergründig im Alltag verhaftet erscheinen, gewinnen beim Lesen an Tiefe, vermitteln viel Kuba-Lebensgefühl. Padura-Fans kennen den Melancholiker Mario Conde aus der exzellenten Krimi-Reihe „Havanna Quartett".

■ **Pedro J. Gutiérrez: Kein bisschen Liebe.** *Hoffmann und Campe, 2008, 19,95 €.* Gutiérrez' cooler Held sucht nach Zuneigung und findet Sex und Rum. Kubanischer Alltag aus Männersicht. Gutiérrez war eine Zeit lang Darling deutscher Feuilletons, doch seine grobe Sprache und die schlichte Erzählstruktur nutzen sich ab.

■ **Antonio José Ponte: Der Ruinenwächter von Havanna.** *Antje Kunstmann Verlag, 2008, 19,90 €.* Havannas Verfall ist das Lebensthema von Antonio José Ponte, dem hier eine überraschende Mischung aus Essay, Roman und Autobiografie gelungen ist. Ponte lebt seit 2006 in Madrid, doch er schreibt über seine Heimatstadt ohne Hass oder Häme. Geistreich analysiert er die Ruinenlandschaft und das Leben in ihr.

■ **Abilio Estévez: Ferne Paläste.** *Luchterhand Literaturverlag, 2004, antiquarisch.* Der Vagabund Victorio entdeckt ein verfallenes Theater als Zauberort. Ein kaum bekannter Havanna-Roman, der im poetisch-maroden Lebensgefühl der Stadt schwelgt. Toll übersetzt von Susanne Lange.

■ **José Martí: La Edad de Oro.** *Linkgua, 2007, 12,99 €.* Wer Kuba verstehen will, kommt am Nationaldichter und Freiheitskämpfer José Martí nicht vorbei. Ein packendes, buntes Kinderbuch; leider nur auf Spanisch oder Englisch erhältlich.

→

FÜNFMAL KUBA

Früher nur dem amerikanischen Jetset zugänglich: der puderweiße Strand von Varadero

Strand oder Stadt? Natur oder Kultur? Aber: wieso „oder"? Es gibt hundert Arten, Kuba zu erleben. Die GEO-Special-Redaktion hat fünf davon genauer recherchiert. Herausgekommen sind dabei: die besten Empfehlungen für Ihren Strandurlaub, eine Rundreise auf den Spuren der Revolution, ein Tag mit Ernest Hemingway, ein Ausflug in die Tabakfelder von Viñales und schließlich – ein Streifzug durch Havannas Tanzclubs. Immer getreu dem kubanischen Motto: Hasta la fiesta, siempre!

→

Nichts als Sonne, Sand und Meer: Überfüllt sind die Strände auf Cayo Largo eigentlich nie

WO MEER IMMER MÖGLICH IST

Auch wer eigentlich nicht zum Baden auf die Insel kommt, sollte ein paar Tage am Strand einplanen – der ist nirgendwo auf der Insel weiter als 70 Kilometer entfernt

Der Erfolg der Karibik als Reiseziel lässt sich auf einen einfachen Nenner bringen. Wasser: 28 Grad, Luft: 30 Grad. Die meisten der mehr als zwei Millionen Touristen, die pro Jahr nach Kuba reisen, tun dies vor allem, um sich an einem Sandstrand im Schatten einer Kokospalme zu rekeln und ab und zu ins badewannenwarme Wasser zu steigen. Allerdings ist es auch diese Gruppe von Touristen, die von Kuba am häufigsten enttäuscht wird: Benachbarte Länder, etwa Mexiko oder die Dominikanische Republik, bieten Strandurlaubern oft mehr fürs Geld. Wer Sonne, Sand und Meer aber vor allem als angenehme Ergänzung seines Urlaubs betrachtet oder am Ende einer Rundreise noch ein paar Tage am Strand verbringen will, der findet auf Kuba ideale Bedingungen: Nie ist die Küste mehr als 70 Kilometer entfernt, und in allen Landesteilen sind gut zugängliche Strände mit puderfeinem Sand zu finden. Die besten sind fest in touristischer Hand; auf den **Cayos**, in **Guardalavaca** und in **Varadero** baden fast ausschließlich Europäer und Kanadier, und die meisten Hotels bieten automatisch All-inclusive-Unterbringung an. Ab vier Sternen muss man nur noch für Kosmetikbehandlungen und Massagen extra bezahlen, alles andere ist im Preis inbegriffen: sämtliche Getränke, auch Bier, Weine und Cocktails; das Buffet und Spezialitätenrestaurants; Wassersportangebote wie Surfen, Tauchen, Wasserski. An den **Playas del Este** östlich von Havanna dagegen sind die Einheimischen in der Überzahl – dort geht es rustikaler, lauter und gedrängter zu, dafür auch mit mehr kubanischem Lebensgefühl.

STRAND PUR

DIE NÖRDLICHEN CAYOS

Wer nichts als Sand und Sonne will, bucht einen All-inclusive-Urlaub auf einem der 1600 Cayos, den der Küste vorgelagerten, zumeist unbewohnten Inseln. Im Norden bilden diese eine touristische Perlenkette: die Inselgruppe Jardines del Rey mit Cayo Coco, Cayo Guillermo, Cayo Santa María, Cayo Ensenachos.
Anreise: per Flugzeug nach Havanna oder Varadero, dann weiter mit einem kleineren Flugzeug (eine Stunde) bis Cayo Coco und von dort mit dem Autobus zum Hotel. Mit dem Mietwagen dauert die Fahrt von Havanna sechs Stunden, die letzten Kilometer führen über einen Damm. Service und Essen sind in den ausländisch geführten Hotels wie denen der spanischen Kette Sol Meliá meist besser als bei einheimischen Anbietern wie Gran Caribe, Horizontes und Islazul.

Meliá Cayo Coco
Cayo Coco, Ciego de Ávila, Tel. 0053-33/30 11 80, www.solmeliacuba.com. DZ ab 165 €.
Eines der schönsten Strandhotels auf den Cayos der Nordküste: Die Zimmer stehen auf Stelzen in einer Lagune und sind Gästen ab 18 Jahren vorbehalten. Wer den ebenfalls gestelzten Animationen des Hotels entfliehen möchte, kann Tänze ganz anderer Art beobachten: Auf ❶ **Cayo Coco** gibt es riesige Flamingo-Brutkolonien, die den Küstenstreifen mitunter in einen rosafarbenen Teppich verwandeln.

Sol Cayo Guillermo
Cayo Guillermo, Ciego de Ávila, Tel. 0053-33/30 16 80, www.solmeliacuba.com. DZ ab 179 €.
Auf ❷ **Cayo Guillermo** fühlt man sich wie auf einem Außenposten unserer Welt, im Blickfeld nur noch Sand und Meer. Das familienfreundliche Hotel (5 Sterne, 301 Zimmer, mit Mini-Club) bietet kleine, verstreute Bungalows, den schönsten Hotelstrand von Cayo Coco und Cayo Guillermo, und auch in seiner Nähe tummeln sich Flamingos.

Meliá Cayo Santa María
Cayo Santa María, Villa Clara, Tel. 0053-42/35 02 00, www.solmeliacuba.com. DZ ab 135 €.
Auf ❸ **Cayo Santa María**, ebenfalls im Archipel Jardines del Rey gelegen und über einen 50 Kilometer langen Damm mit dem Festland verbunden, empfängt das Hotel Gäste ab 16 Jahren; Kinder sind nicht erwünscht. Ideal: seine Lage genau in der Mitte eines elf Kilometer langen Sandstrandes. 32 der 358 recht farbenfroh eingerichteten Doppelzimmer haben Meerblick. Fragen Sie gezielt nach diesen.

Royal Hideaway Cayo Ensenachos
Cayo Ensenachos, Villa Clara, Tel. 0053-42/35 03 00 (oder über die Agentur Occidental in Havanna, Tel. 0053-7/204 35 84), www.royalhideawayensenachos.com. DZ ab 300 €.
Das Royal Hideaway auf ❹ **Cayo Ensenachos** gilt mit seinen drei Häusern im kolonial-karibischen Stil als das derzeit luxuriöseste Hotel auf Kuba. Schneeweißer, unverbauter Strand, wenig Animation, Zimmer mit Marmorbädern, großzügig dimensionierte Pools. Den Bewohnern der feinen Royal Suites stehen Bäder mit Whirlpools, Butler-Service und Golf-Carts zur Verfügung.

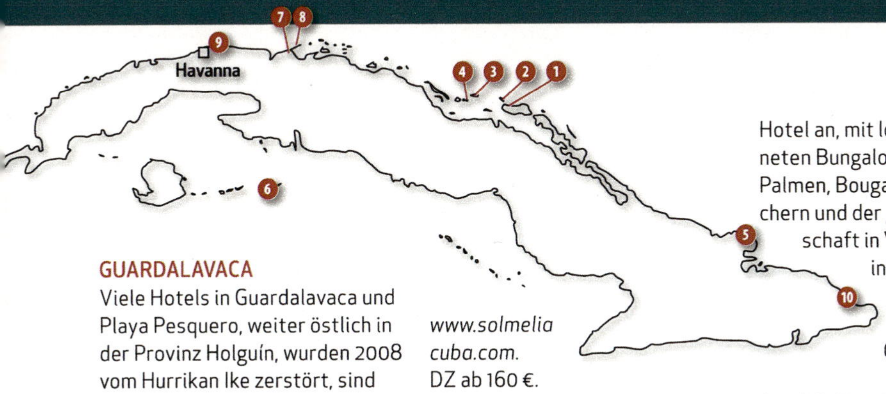

GUARDALAVACA

Viele Hotels in Guardalavaca und Playa Pesquero, weiter östlich in der Provinz Holguín, wurden 2008 vom Hurrikan Ike zerstört, sind aber inzwischen wieder renoviert und geöffnet. **Anreise:** per Flugzeug nach Holguín, 60 Kilometer Busfahrt. Im Osten Kubas ist das Wetter stabiler und wärmer als im Westen. Die Hotels sind allesamt sehr abgelegen und eignen sich nur für einen reinen Badeurlaub mit Kurz-Ausflügen nach Holguín oder Santiago.

Occidental Grand Playa Turquesa
Rafael Freyre, Holguín, Tel. 0053-24/43 35 40 (oder über die Agentur Occidental in Havanna, Tel. 0053-7/204 35 84); www.occidental-hoteles.com. DZ ab 300 €.
Das Occidental Grand Playa Turquesa an der entlegenen 5 **Playa Yaraguanal** hat sieben Swimmingpools, die mit Wasserfällen verbunden sind, sechs Restaurants. Weitläufige Anlage, großer Poolbereich, viel Grün mit Blumen. Ringsum Wald. Mückenspray mitnehmen!

DIE SÜDLICHEN CAYOS

Wer zwischen Dezember und Februar nach Kuba reist, sollte 6 **Cayo Largo** in Betracht ziehen: Vor der Südküste Kubas gelegen, ist die Insel besser vor den durchziehenden Kaltfronten geschützt, die einen Strandurlaub auf den Nordinseln im Winter ruinieren können.
Anreise: per Flugzeug in einer Dreiviertelstunde von Havanna aus. Cayo Largo liegt rund 100 Kilometer vor der Küste. Neben palmengesäumten Stränden bietet die Insel Korallenriffe – ein gutes Revier zum Schnorcheln und Tauchen.

Sol Cayo Largo
Cayo Largo del Sur, Isla de La Juventud, Tel. 0053-45/24 82 60, www.solmelia cuba.com. DZ ab 160 €.
Gepflegte Anlage, solider Service, das beste Hotel auf Cayo Largo, einer Insel, auf der alle Hotelanlagen in der Natur verstreut liegen: ideal, um weitab von allem auszuspannen.

STRAND UND MEHR

VARADERO

Einst war 7 **Varadero**, 140 Kilometer östlich von Havanna, exklusiver Treffpunkt nordamerikanischer Millionäre, mittlerweile reihen sich dort All-inclusive-Hotels aneinander. Trotz großen Andrangs (500 000 Besucher pro Jahr) ist der weiträumige Strand sauber, der Sand feinkörnig und weiß. Die **Anreise** ist bequem, Direktflüge aus Deutschland enden auf dem internationalen Flughafen der Stadt. Varadero eignet sich gut für einen Badeurlaub mit angehängten Stadtausflügen nach Havanna oder Trinidad.

Mansión Xanadú
Varadero, Matanzas, Tel. 0053-45/66 84 82, www.varaderogolf club.com. DZ ab 115 €.
Wohnen wie ein Milliardär: Die Prachtvilla aus dem Jahr 1928 präsentiert sich in Varadero als Mix aus englischer und spanischer Architektur. Sie diente dem amerikanischen Chemiefabrikanten Irénée DuPont de Nemours vor der Revolution als Winterresidenz, auf der er sich so wohl fühlte, dass er auch seine Geschäftspartner dorthin einlud.

Paradisus Varadero Resort
Punta Francés, Varadero, Matanzas, Tel. 0053-45/66 87 00, www.solmeliacuba.com. DZ ab 302 €.
Groß, aber nicht klotzig, sondern tropisch-karibisch mutet das Hotel an, mit locker angeordneten Bungalows zwischen vielen Palmen, Bougainvillea-Sträuchern und der größten Pool-Landschaft in Varadero. Alles inklusive, einschließlich Massagen am Pool und Champagner.

Sandals Royal Hicacos
Carretera Las Morlas km 15, Punta Hicacos, Matanzas, Tel. 0053-45/66 88 44, www.san dalshicacos.com. DZ ab 115 €.
In polynesisch angehauchtem Design offeriert das Hotel im 8 **Nationalpark Hicacos** ausschließlich Suiten für Paare. Großzügige Anlage, die auch dann nicht überlaufen wirkt, wenn sie ausgebucht ist.

STRAND KUBANISCH

PLAYAS DEL ESTE

Zwar sind die Strände nicht so gepflegt wie in Varadero, dennoch lohnt sich von Havanna aus ein Trip per Taxi (rund 16 €) oder Mietwagen zu den 9 **Playas del Este**, gut 20 Kilometer Richtung Osten. Einen guten Überblick über die Strände bietet der Aussichtspunkt **Mirador Bello Monte** – auf der Höhe von Guanabo rechts abbiegen und 500 Meter den Hügel hinauffahren.
Der beliebteste Strand der Gegend ist **Playa Santa María del Mar**, ein wenig mehr Ruhe bietet **Guanabo**. Die Strände an sich sind unspektakulär, weite Sandbänder mit Dünen und gelegentlichen Palmen; doch hier treffen sich die Einheimischen: Familien und Liebespaare; Freunde, die Picknick machen, tanzen, dösen und am Abend wieder Richtung Havanna trampen. Empfehlenswerte Hotels gibt es in Playas del Este zwar nicht, wer aber übernachten möchte, hat in der Regel keine Mühe, eine Privatunterkunft zu finden.

STRAND EINSAM

PLAYA MAGUANA

Noch als Geheimtipp unter den Stränden gilt 10 **Maguana**, 20 Kilometer nordwestlich von Baracoa im äußersten Osten der Insel. Der lange, von Palmen bestandene Sandstreifen wird zwar an Wochenenden von vielen Kubanern besucht, liegt unter der Woche aber nahezu verlassen. Der Grund: Die Straße von Baracoa nach Moa, an der das kleine Dorf Maguana liegt, zählt zu den schlechtesten des Landes. Der Strand ist zweigeteilt: Der größere Teil ist öffentlich, eine kleine Bucht den Bewohnern der Hotelanlage Villa Maguana vorbehalten.

Villa Maguana
Maguana, Guantánamo, Buchung über das Hotel Porto Santo in Baracoa, Tel. 0053-21/64 53 39, www.villamaguana. com. DZ ab 54 €.
16 Zimmer, zwölf davon in stilvollen, schlichten Cabañas mit eigenem Bad und Balkon. Sehr ruhig, keine Animation. Der ideale Ort, um mit Blick aufs Meer einen Stapel Reiseromane zu genießen. →

Stress auf Kubanisch: Einheimische sonnen sich an den Playas del Este

FIDEL CASTRO ALS REISEFÜHRER

Am 1. Januar 1959 triumphierte die kubanische Revolution. Wer ein halbes Jahrhundert später auf den Spuren der Rebellen durchs Land fährt, kommt durch kaum bereiste Gegenden – und lernt ein sehr authentisches Kuba kennen

Castros Credo: »Die Geschichte wird mich freisprechen«

Manchmal trifft man ihn auf Empfängen in Havanna, den älteren Bruder Fidels, Ramón Castro, der von den Jugendjahren des Revolutionärs auf der ❶ **Finca Manacas** in Birán im Osten Kubas erzählt: vom „béisbol"-Spiel im Gutshof, den Reitausflügen entlang den Zuckerrohrfeldern und von Schachduellen, die der spätere Máximo Líder angeblich meist gewann.

Die politische Karriere Fidel Castros begann während seines Jurastudiums an der ❷ **Universidad de la Habana**, wo er als charismatischer Redner auffiel. Nachdem der korrupte General Fulgencio Batista durch einen Staatsstreich die Macht in Kuba übernommen hatte, rannte Castro am 26. Juli 1953 mit 129 Männern gegen die ❸ **Moncada-Kaserne** in Santiago de Cuba an, die von 810 Soldaten verteidigt wurde. Die Attacke scheiterte, fast alle Angreifer starben oder wurden später ermordet.

Nach dem Angriff auf die Kaserne wurde Castro verhaftet und zu 15 Jahren Gefängnis verurteilt, die er im ❹ **Presidio Modelo** auf der Isla de Pinos (später in Isla de la Juventud umbenannt) absitzen sollte. Seine Verteidigungsrede vor Gericht schloss er mit dem legendären Satz: „La historia me absolverá!" – „Die Geschichte wird mich freisprechen!" Nach knapp zwei Jahren kam er frei, gründete die „Bewegung des 26. Juli" und ging ins Exil.

In Mexiko ließ sich Castro militärisch ausbilden, kaufte die Yacht eines Amerikaners, der diese „Granma", Großmutter, getauft hatte, und brach mit 81 Mitkämpfern an Bord nach Kuba auf. Die Provinz, in der die Rebellen am 2. Dezember 1956 seekrank und übermüdet anlandeten, trägt heute den Namen der Yacht: ❺ **Granma**. Das erste Gefecht gegen Batistas Truppen, drei Tage nach der Anlandung der Granma, überlebten nur gut ein Dutzend Rebellen, die sich in die Berge der Sierra Maestra retteten, unter ihnen Fidel Castro, sein Bruder Raúl und der argentinische Arzt Ernesto „Ché" Guevara. Am Fuß von Kubas höchster Erhebung, dem Pico Turquino, richteten sie die ❻ **Comandancia** ein, ihre Kommandozentrale. Viel Zulauf bekamen die Rebellen in den kommenden zwei Jahren vor allem von der armen Landbevölkerung.

Während Fidel Castro die Revolution im Osten der Insel anführte, rückten Ché Guevara und andere Revolutionäre Richtung Havanna vor und schlugen die entscheidende Schlacht am 29. Dezember 1958 in ❼ **Santa Clara**, wo sie einen Munitionszug eroberten.

In Havanna machte Batista zwei Tage später – durch seine Flucht in die Dominikanische Republik – die wertvollste Immobilie der Stadt frei: den Präsidentenpalast. Heute ist dort das ❽ **Museo de la Revolución** untergebracht.

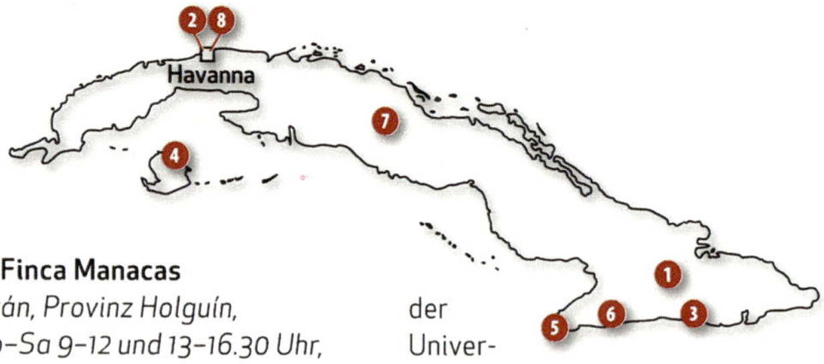

❶ Finca Manacas
Birán, Provinz Holguín, Mo–Sa 9–12 und 13–16.30 Uhr, So 9–12 Uhr, Eintritt 8 €.
Seit 2002 wird das **Geburtshaus** Fidel Castros als **Museum** genutzt, unter strenger Bewachung: Soldaten begleiten die eher seltenen Besucher auf ihrem Rundgang durch das weitläufige Gelände, auf dem Castros Eltern begraben sind. Das zweistöckige Herrenhaus der Finca, das den privilegierten Status der Familie Castro deutlich macht, brannte 1954 ab, wurde jedoch wieder aufgebaut, mitsamt Hahnenkampfarena und Arbeiterhütten. Zu sehen gibt es unter anderem Fidels Baseballhandschuh und das einfache Klassenzimmer, in dem der spätere Staatslenker angeblich stets vorn in der Mitte saß.

❷ Universidad de La Habana
Calle L und San Lázaro, Centro Habana, www.uh.cu.
In den Zeiten der Batista-Diktatur brodelte der Widerstand in der Universität von Havanna, einer Enklave in der Stadt, zu der Armee und Polizei keinen Zugang hatten. Die imposante **Freitreppe**, von der aus sich Centro Habana überblicken lässt, und der weitläufige **Campus** lohnen den Besuch – auch wenn vom liberalen Diskursgeist von einst wenig geblieben ist. Vor den Stufen der Universität erinnert ein **Mahnmal** an den Studentenführer Julio Antonio Mella, Gründer der kommunistischen Partei Kubas. Im Innenhof ist ein gepanzerter Wagen zur Schau gestellt, den aufrührerische Studenten erbeutet hatten.

❸ Moncada-Kaserne
Ciudad Escolar 26 de Julio, Cuartel Moncada, Santiago de Cuba. Geöffnet Di–Sa 9–18 Uhr, So 9–13 Uhr, Eintritt 1,70 €.
Noch heute wird der 26. Juli als Jahrestag der Revolution gefeiert. Die Kaserne, auf deren ver-

Massenaufmärsche, wie in Manzanillo aus Protest gegen das US-Embargo, sind selten geworden – ein Erlebnis sind sie immer noch

Nur nach dreistündigem Fußmarsch zu erreichen: die Kommandozentrale in der Sierra Maestra

suchte Erstürmung der Feiertag zurückgeht, dient inzwischen als **Schule** – wo die Revolution ihren Ausgang nahm, toben heute Hunderte Kinder. Im angeschlossenen **Museo Histórico** werden unter anderem Fotos des eingekerkerten Fidel präsentiert und Waffen der Angreifer, darunter Castros Scharfschützengewehr.

❹ Museo Presidio Modelo
Nuevo Gerona, Isla de la Juventud, Tel. 0053-46/32 51 12.

Mo–Sa 8–16 Uhr, So 8–12 Uhr, Eintritt 1,70 €.
Gebaut als Ansammlung kreisrunder Kerker für 6000 Gefangene, stehen heute nur noch die Mauern des **Gefängnisses**, in dem Fidel Castro nach der Moncada-Attacke eingesperrt wurde. Interessant bis heute wegen der Architektur der Anlage, die einschüchternd und elegant zugleich wirkt. Es ist die wichtigste bauliche Attraktion auf der abgelegenen Insel, die nach der Revolution Tausende Austauschstudenten aus kommunistischen Bruderstaaten beherbergte – daher ihr Name: Isla de la Juventud, Insel der Jugend. Zu erreichen ist sie per (oft überbuchtem) Cubana-Inlandsflug von Havanna oder per Schnellboot aus Surgidero de Batabanó, 70 Kilometer südlich von Havanna. Ticketreservierung: *Tel. 0053-62/58 53 55.*

❺ Granma-Landestelle
Ausgerechnet an einer der abgelegensten Ecken Kubas lief die Yacht der Rebellen 1956 auf Grund. Bevor Castro und seine Getreuen an Land kamen, mussten sie sich erst zwei Kilometer weit durch Mangrovendickicht schlagen. Heute zählt der **Nationalpark Desembarco del Granma** zum UNESCO-Weltnaturerbe, wegen unberührter Wälder, endemischer Vogelarten und 400 Jahre alter Kakteen. Am Eingang zum Nationalpark, einen Kilometer südlich von Las Coloradas, stehen eine Nachbildung der berühmten Yacht und ein winziges Museum. Es bietet eine Karte, die den Weg der Revolutionäre in die Sierra Maestra zeigt.

❻ Comandancia de la Plata
Die Wanderung zur einstigen **Kommandozentrale** dauert gut drei Stunden und startet in Santo Domingo, 73 Kilometer südwestlich von Bayamo, beim Hotel **Villa Santo Domingo** (*Carretera La Plata, km 16, Tel. 0053-23/ 56 53 02,* einfach und sauber, mitten in den Bergen, tägliche Führungen zur Comandancia, 8,50 €). Es geht zunächst im Jeep hinauf nach Alto de Naranjo, später zu Fuß zu gut einem Dutzend Holzhütten im dichten Wald, darunter das ehemalige Lazarett und die Funkzentrale. Man findet Gruppenfotos der Revolutionäre, Waffen und sogar eine Nähmaschine. Castros karge Holzhütte ist lediglich mit Tisch, Bett und einem Kühlschrank möbliert.

❼ Santa Clara
Die rostrot gestrichenen Waggons des gepanzerten Munitionszuges *(tren blindado)*, den Ché Guevara kaperte, dienen heute als **Museum**, gelegen am nördlichen Ortsrand von Santa Clara, *geöffnet Di–Sa 8–18 Uhr, So 8–12 Uhr*. Interessanter aber ist der Platz der Revolution in der 210 000-Einwohner-Stadt – wegen des **Ché-Guevara-Denkmals**. Die Bronzestatue zeigt den Revolutionsführer, wie er mit der Flinte in der Rechten, die gebrochene Linke in einer Schlinge, nach vorn schaut. Unter dem Sockel liegt das **Mausoleum**, in dem seine Gebeine ruhen. Einheimische Besucher sind eher selten, Ché Guevara ist unter ausländischen Besuchern weitaus populärer.

❽ Museo de la Revolución
Calle Refugio, zw. Monserrate und Zulueta, Habana Vieja, Tel. 0053-7/860 15 24. Di–Sa 10–18 Uhr, So 10–13 Uhr, Eintritt 4 €.
Das **Museum** rollt die Geschichte Kubas auf, beginnend mit Kolumbus' Landung, fortgeführt bis zur Revolution. Reliquien wie das blutbefleckte Hemd eines erschossenen Castro-Anhängers sind hier zu sehen. Und Fotos von den Helden in den Bergen, die diese so zeigen, wie sie sich am liebsten sahen: vollbärtig mit Zigarre und Knarre. Am Ausgang zieren drei riesengroße Karikaturen eine Wand: Ex-Diktator Batista und die ehemaligen US-Präsidenten Reagan und Bush; ihnen ist der „Rincón de los Cretinos" gewidmet, die Ecke der Missgeburten. Im Garten des Prunkbaus ein weiterer Höhepunkt: die Yacht „Granma" im Original. →

Ruhestätte für den Revolutionsführer: Guevara-Denkmal in Santa Clara

Genie mit Muse: Zehn Gläser Rum am Tag schaffte Hemingway locker

HEMINGWAYS PASSIONEN

Der Literatur-Nobelpreisträger blieb ein Fremder auf Kuba. Wohl fühlte er sich dennoch; und frönte seinen Leidenschaften: Alkohol, Hochseefischen – und Schreiben

Kuba hat einige der besten Schriftsteller Lateinamerikas hervorgebracht, doch die einzige Literatur-Nobelpreis-Medaille, die auf der Insel ausgestellt wird, erhielt ausgerechnet ein „Gringo" im kubanischen Exil: Ernest Hemingway, der den Preis großzügig seiner zweiten Heimat stiftete. In und um Havanna fand Hemingway Muße und die nötigen Zutaten für seine größten Passionen: Hochseeangeln, Alkohol und Schreiben. 20 Jahre lang war die Finca Vigía am Stadtrand Hemingways Lebensmittelpunkt. Heute lassen sich bei einer kleinen Tour durch Havanna die Trink- und Schlafstätten des amerikanischen Autors entdecken.

WOHNHAUS

Finca Vigía

Vigía und Steinhart, San Francisco de Paula, Tel. 0053-7/791 08 09. Geöffnet Mo–Sa 10–17 Uhr und So 10–13 Uhr, Eintritt 3,50 €.

Nach dem Tod des Schriftstellers vermachte seine vierte Frau Mary Welsh die Kolonialstilvilla samt vier Hektar großem Park dem kubanischen Staat. Alles an diesem Refugium in **San Francisco de Paula** stammt noch aus der Zeit, in der Hemingway hier lebte, auch der Turm, den er bauen ließ, um seine 58 Katzen unterzubringen. Doch weil Besucher immer wieder Bücher, Korkenzieher, Rasierpinsel und ähnliche Gegenstände aus der Hinterlassenschaft des Autors mitgehen ließen, darf man inzwischen nur noch durch Fenster in die Räume schauen, wo Bedienstete mit Pinseln die alte Schreibmaschine und knapp 9000 Bände der Bibliothek abstauben. Ebenfalls nur auf Distanz zu besichtigen: die gut bestückte Bar. Und auf dem Schreibtisch ein Stempel, mit dem der Autor Fanpost bearbeitete, bevor er sie ungeöffnet zurückschickte: „I never write letters. Ernest Hemingway". Touren bucht jedes Hotel. Das Taxi von Havanna kostet etwa 16 €.

Anfahrt: über die Calzada de Güines und die Carretera Central bis San Francisco de Paula.

HAFEN

La Terraza

Calle Real 161, zw. Montaña und Candelaria, Cojímar, Tel. 0053-7/ 33 87 02.

Zwölf Kilometer östlich von Havanna liegt das Fischerdorf **Cojímar**, von wo aus Ernest Hemingway zum Hochseefischen in See stach. Noch heute kann man dort beobachten, wie Fischer ihre Netze flicken, nahe Hemingways Büste unter einem Bogengang und der Bar La Terraza, wo sich bei Garnelen, gegrillten Muscheln, Tintenfisch und Bier der Blick über die Bucht genießen lässt. Cojímar bildet den Hintergrund für jenen großen Roman, der Hemingway 1954 den Nobelpreis für Literatur einbrachte. „Der alte Mann und das Meer" erzählt vom Fischer Santiago, der einen riesigen Schwertfisch an den Haken bekommt und erleben muss, wie ihm Haie seine Beute bis auf die Gräten wegfressen, ehe er den Hafen erreicht.

Der letzte Zeitzeuge, der den Schriftsteller und seinen Protagonisten noch kannte, ist **Ova Carnero**, der trotz seiner 72 Jahre täglich frühmorgens um fünf aufs Meer fährt, um Brassen oder Langusten zu fischen. Zahnlos und dünn ist der Mann, aber zäh und voller Erinnerungen an die 1950er Jahre, „als das Bier noch billig war und wir jeden Tag im Terrazas saßen. Hemingway mitten unter uns." Zum Beweis kramt er vergilbte Fotos und Zeitungsausschnitte hervor. Als der Roman 1958 mit Spencer Tracy verfilmt wurde, bekam Carnero eine Statistenrolle.

STAMMLOKALE

Mit Havanna hatte Hemingway nie viel im Sinn, die Stadt spielt auch in seinen Werken keine her-

Hier pflegte Hemingway seine Mojitos zu trinken: Bodeguita del Medio in Habana Vieja

ausragende Rolle. Trotzdem war er fast täglich dort anzutreffen: im **Floridita**, seinem Stammlokal, in dem er am späten Vormittag oder am Abend, auf dem Rückweg von Cojímar, seine Daiquirís kippte, einen Cocktail aus Rum, Limettensaft, Rohrzucker und zerstoßenem Eis.

El Floridita
Obispo 557, Ecke Monserrate, Habana Vieja, Tel. 0053-7/867 12 99, www.floridita-cuba.com.
Einst war das Floridita eine schlichte Taverne in Habana Vieja, später dann eine feine Adresse für Akademiker, Künstler und Politiker. Hemingway brachte Jean-Paul Sartre hierher und Gary Cooper, Tennessee Williams, Spencer Tracy, Nat King Cole und Ava Gardner. Und er saß immer am selben Platz, an dem heute seine Bronzebüste auf einer Konsole steht. Der Daiquirí kostet hier für kubanische Verhältnisse astronomische 5 €, dennoch hat sich die Bar eine gewisse Würde bewahrt.

Bodeguita del Medio
Empedrado 207, zw. San Ignacio und Cuba, Habana Vieja, Tel. 0053-7/867 13 74, www.labodeguitadelmedio.com.mx.
Vom Floridita wechselte Hemingway zu seinem zweiten Stammlokal, der Bodeguita del Medio, in der es angeblich den besten Mojito der Altstadt gab. Ursprünglich ein Laden, in dem sich Arbeiter und Künstler des Viertels mit Lebensmitteln versorgten, avancierte die Kneipe zum Treffpunkt der Boheme. Heute drängeln sich ausschließlich Touristen in ihr. Der Mojito in der Bar ist nach wie vor, wie er sein muss: weißer Rum gemischt mit Zucker, geschlagenem Eis, Mineralwasser, Limonensaft und frischen Minzblättern.

HOTEL

Ambos Mundos
Obispo 153, Ecke Mercaderes, Habana Vieja, Tel. 0053-7/860 95 30, www.hotelambosmundos-cuba.com.
Nur wenige Straßenblocks entfernt liegt das Hotel Ambos Mundos, in dem Ernest Hemingway von 1932 an sieben Jahre lang mit Unterbrechungen Zimmer 511 im fünften Stock bewohnte. Damals kostete eine Übernachtung nur einen Peso, heute allein der Eintritt ins Zimmer 1,70 €. Zu besichtigen sind neben Bett, Kommode und Schreibtisch Hemingways schwerer Holzkoffer, eine Schreibmaschine und das Manuskript eines Essays über den Stierkampf: „Tod am Nachmittag“.

→

DIE HEIMAT DER EDLEN HAVANNAS

Der Tabak für Cohibas und Montecristos kommt aus Pinar del Río. Ein Ausflug dorthin lässt ermessen, welcher Hingabe es bedarf, die besten Zigarren der Welt zu fertigen

Wertvolles Grün aus roter Erde: Tabakplantage im Viñales-Tal

Sie stehen an den Straßenecken in Havannas Altstadt, die Augen hinter Sonnenbrillen verborgen, immer in Habtachtstellung. Ihr Flüstern begleitet Touristen auf jedem Schritt: „Psst. Where you from? Want cigars?" In **Havanna** blüht der Handel mit gefälschten Zigarren, die aus illegalen Hinterzimmer-Manufakturen stammen, den *chinchales*. Benannt nach *chinche*, der Wanze.

Ob echt oder nicht, die Technik des Zigarrenrollens ist stets dieselbe: Zunächst trennt man die Blätter vom Strunk, formt sie zur Einlage und hüllt sie in ein entripptes Umblatt. Diese halb fertige Zigarre wird in einer Holzform gepresst und anschließend in ein besonders feines Blatt gewickelt, die *capa*. Ein kreisrundes Stückchen Deckblatt verschließt den Zigarrenkopf.

Für Laien sind die Fälschungen kaum von *puros* aus der staatlichen Fabrik zu unterscheiden. Viele *chinchales*-Roller arbeiten tagsüber in einer Fabrik und lassen dort Tabakblätter mitgehen. Trotzdem ist es nicht zu empfehlen, Zigarren auf dem Schwarzmarkt zu kaufen. Egal, wie echt eine Kiste aussieht – nur selten sind die Zigarren aus denselben Tabaksorten komponiert wie das Original. Oft werden minderwertige Tabakreste verwendet, knorpelige *picadura*, die nicht zieht. Wer sich dagegen eine echte Cohiba, Montecristo oder Romeo y Julieta gönnt, ist für schnödere Rauchwaren auf alle Zeit verloren. Kubanische Zigarren erinnern daran, dass Tabak in der Tat ein Genussmittel sein kann.

LÄDEN

Fast alle Hotels haben eigene Zigarrenläden, oft aber mit nur mäßiger Qualität von Beratung und Ware. Besser sind die folgenden Shops:

Quinta y 16
5ta Avenida, Ecke Calle 16, Miramar, Tel. 0053-7/204 69 63. Mo–Sa 10–16 Uhr.
Der mit Abstand beste Zigarrenladen in Havanna: 27 Zigarrenmarken, große Auswahl an Humidoren zu Preisen bis zu mehr als 3000 €, 96 Humidorschränke für Stammkunden, Rauchersalon, Bar. Gute Beratung, unter anderem vom Sohn des berühmten Tabakbauern Alejandro Robaina.

Casa del Habano Partagás
Industria 520, zw. Dragones und Barcelona, Habana Vieja, Tel. 0053-7/33 80 60.
Große Auswahl an Zigarren, Humidoren und Zubehör wie Zigarrenschneidern und Aschenbechern. Eine *torcedora* (Zigarrenrollerin) stellt frische Ware her.

Conde de Villanueva
Mercaderes 202, Ecke Lamparilla, Habana Vieja, Tel. 0053-7/ 862 92 93.
Der ehemalige Wohnsitz des Grafen Claudio Martínez de Pinillos von Villanueva ist ein Kolonialbau mit farbigen Glasfenstern und üppig begrüntem Innenhof. Im raucherfreundlichen Vier-Sterne-Hotel ist ein gut sortierter Zigarrenladen untergebracht: **Casa del Habano**, *geöffnet täglich von 9–19 Uhr*. Gute Beratung. In der Raucherlounge stehen schwere lederbezogene Sessel, in denen schon Arnold Schwarzenegger und Francis Ford Coppola saßen.

Taberna del Galeón
Baratillo 53, Ecke Obispo, Habana Vieja, Tel. 0053-7/833 84 76.
Morgens kommen Busse aus Varadero, am Nachmittag ist es ruhig. Mitunter gibt es Sonderangebote in der Vitrine neben der Kasse. Darunter Einzelstücke, die man gleich rauchen kann, ein Glas Rum dazu.

FABRIK

Partagás
Industria 520, zw. Dragones und Barcelona, Habana Vieja, Tel. 0053-7/33 80 60. Fabrikbesichtigung Mo–Fr 9.30–11 Uhr und 12.30–15 Uhr, Eintritt 8 €.
In dem vierstöckigen Kolonialbau von 1845, der in der Altstadt hinter dem Capitol liegt, arbeiten 700 Angestellte nahezu nach den gleichen Verfahren wie vor hundert Jahren. Besucher erleben den gesamten Produktionsablauf: das Sortieren der Blätter nach Farbe und Stärke; die Arbeit der Zigarrenroller, denen ein Vorleser aus Zeitung oder Büchern rezitiert; bis zum Anlegen der Banderolen. Bei Partagás werden 70 verschiedene Formate für sieben Marken gerollt, neben Partagás auch Cohiba, Montecristo, Ramon Allones, Bolivar, La Gloria Cubana und Romeo y Julieta.

AUSFLUG

Der beste Tabak der Welt wächst im ❶ **Vuelta Abajo** in der Provinz Pinar del Río. Nirgendwo gedeiht die Tabakpflanze so gut wie hier. Zwar nahmen kubanische Tabakbauern, die nach der Revolution in die Dominikanische Republik auswanderten, auch Samen ihrer edelsten Tabaksorten mit. Dennoch kann die Qualität der dominikanischen Sorten nicht mit den kubanischen Blättern mithalten, die der warmen roten Erde des Vuelta Abajo entstammen.

In Havanna bietet jedes Hotel Ausflüge in die Provinz an. Wer einen Mietwagen nimmt, ist flexibler und kann auf halber Strecke im Dorf ❷ **Candelaria** halten.

La Candelaria
Calle 48 No. 3310, zwischen 33 und 35, Candelaria. Geöffnet Mo–Fr 9–16 Uhr, Sa 9–12 Uhr.
Die kleine Fabrik La Candelaria stellt Zigarren der Marke Partagás her. Hier kann man den Zigarrenrollern über die Schulter sehen, anders als in den Fabriken von Pinar del Río, wo manche Arbeitsvorgänge nur durch Glasscheiben zu besichtigen sind.

Im Vuelta Abajo säumen zwischen Januar und März Felder mit mannshohen Tabakpflanzen die Straßen. In 3 **San Luís**, südlich von Pinar del Río, werden die empfindlichen Deckblätter gezogen. Dazu müssen die Pflanzen mit Tüllschleiern auf Pfahlgestellen vor zu viel Sonne geschützt werden. Die Pflege der Pflanzen erfordert – im Gegensatz zum robusten Zuckerrohr, das wie Unkraut wuchert – unendliche Geduld. Auch deshalb sind die Tabakbauern im Vuelta Abajo bis heute selbstständige Kleinbauern.
Die Tabakernte zieht sich über Wochen hin, in denen die Pflanzen in mehreren Etappen von unten nach oben abgezupft werden. Danach trocknen die Blätter einzeln aufgefädelt einen Monat lang in Trockenhäusern und müssen anschließend bis zu vier Jahre fermentieren.

Wer in der Gegend ist, sollte unbedingt beim Tabakbauern 4 **Marcelo Montesini** vorbeischauen, der nicht weit von der Autobahn entfernt lebt (2 km nach der Abfahrt Richtung Viñales auf der Carretera Las Ovas, bitte durchfragen). Montesini, 82, pachtete seine Farm vor einem halben Jahrhundert von einem Tabakbaron, der nach Castros Revolution Kuba verließ. Im Zuge der Bodenreform bekam er sieben Hektar Land zugesprochen und pflanzt seither *tripa* an, Einlage für Cohiba-Zigarren. Sohn Eulogio verfeinerte die Methode

Klebt Bauchbinden von Hand: Zigarrenrollerin in Ciego de Ávila

des Fermentierens; er besprüht die Blätter mit Zuckerwasser, um der Zigarre den bitteren Nachgeschmack zu nehmen. Ein französischer Großhändler war von der Qualität des Montesini-Tabaks so begeistert, dass er sofort mit dem Tabakministerium verhandelte: „Er möchte meine Zigarren unter eigenem Label vertreiben", erzählt Montesini. Bis dahin gibt es echte „Montesinis" nur für Gäste am Holztisch der Finca. Dazu reicht der Gastgeber einen *cafecito* aus Bohnen von eigenen Kaffeebüschen, selbst geröstet.

Von Montesinis Finca aus ist es nicht mehr weit nach 5 **Viñales**, wo man die **Casa del Veguero**, das Haus des Tabakbauern, meiden sollte, weil es zu überhöhten Eintrittspreisen wenig bietet. In der **Casa de Despalillo** am Ortsausgang kann man für 3 € beobachten, wie Frauen die Blätter vor der Fermentierung sortieren und entrippen.

Lohnend auch ein Abstecher zum Hotel **Los Jasminez** in der 6 **Sierra de los Órganos**, *Carretera de Viñales, km 25, Tel. 0053-8/79 62 05*. Der Ausblick von der Hotelterrasse auf das Orgelpfeifengebirge zeigt eine der schönsten Kulturlandschaften der Welt: Zwischen den „Orgelpfeifen" pflügen Bauern mit Ochsen oder Pferden ihre Äcker, dazwischen stehen unzählige *almácigos*, Bäume mit glatter, roter Rinde, im kubanischen Volksmund auch „Touristenbäume" oder „nackte Indianer" genannt.

FESTIVAL

Das **Festival del Habano** findet 2009 zum elften Mal statt, vom 23. bis zum 27. Februar. 1800 Aficionados aus 75 Ländern reisen an. Zum Programm gehören: Sommelier-Wettbewerbe, die Präsentation neuer Formate, Tabak-Seminare und ein großes Galadinner, bei dem zu jedem Gang geraucht wird, was das Zeug hält. Informationen über das staatliche Zigarrenunternehmen **Habanos**: *www.habanos.com*. →

HIMMEL FÜR HÜFTSCHWINGER

Natürlich werden Sie nie so sinnlich tanzen können wie eine Kubanerin oder ein Kubaner. Aber nirgendwo macht es mehr Spaß, es wenigstens zu versuchen

Kubaner haben Salsa im Blut? Quatsch! Aber sie haben Zeit zu üben

Die Lautsprechertürme auf dem gekachelten Boden lassen Posaunen- und Violinenklänge durch den Saal rauschen, Tumbadores und Batá-Trommeln zünden den Rhythmus, durch die offenen Fenster schallt die Musik auf die Calle Obispo in Havannas Altstadt. Zweite Kurswoche im **Hotel Ambos Mundos**: 20 Teilnehmer aus England, Kanada und Deutschland tanzen mit kubanischen Partnern Salsa nach der Musik von Los Van Van.

„Hört nur auf den Takt, lasst euch treiben!", ruft Tito Valdés, der für die Tanzschule **Key2Cuba** arbeitet. „Salsa ist eine Lust! Un, dos, tres, y un, dos, tres!" Und die Paare drehen sich; die Kubaner mit einer Grazie, die Europäer nie erreichen werden, auch wenn Valdés großzügig beteuert: „Doch, das wird schon!"

Die Ursprünge der Salsa reichen bis in die Sklavenzeit zurück. Auf Kuba vermischten sich afrikanische Einflüsse mit traditioneller spanischer Musik – eine spannungsreiche Fusion, die nacheinander den ruhigen Son, die wilde Rumba, den fetzigen Mambo und den eingängigen Cha-Cha-Cha hervorbrachte.

In den 1930er Jahren trafen sich Kubaner zum Tanzvergnügen in großen Salons, in denen es sittsam zuging. Kein Vergleich zur modernen Salsa: Heute tanzen Kubaner in Turnschuhen, High Heels, Badelatschen oder barfuß am Strand, stundenlang, schweißgebadet und begeistert. Deutsche Tänzer, die Perfektion anstreben, sind vom lässigen kubanischen Stil oft überrascht. Doch im Gegensatz zur Salsa aus Puerto Rico und New York ist die kubanische Variante eher spielerisch, lebendig und wenig reglementiert – kein Leistungssport, sondern purer Spaß am Tanzen.

TANZREISEN

Key2Cuba
Tel. 0044-7767/31 31 68, www.key2cuba.com.
Die Britin **Kerry Ribchester**, Spezialistin für kubanische Tänze, gibt sechs Kurse pro Jahr, die zehn bis 14 Tage dauern; bei drei Stunden Unterricht täglich. Ihre kubanischen Partner kommen von der staatlichen afrokubanischen Tanzkompanie Raices Profundas. Ribchester kennt die Musiker der besten kubanischen Bands wie Los Van Van und Bamboleo persönlich und arrangiert individuelle Besuche. Rahmenprogramm: Tanzen am Strand in Playas del Este, Tanzstunde mit der Tanzlegende Juan de Dios, Matineekonzerte in Musikclubs. Ribchesters bester Tänzer ist Orlando González Valdés, genannt Tito. Er bietet für ein bis drei Personen Kurse unter der acht Meter hohen Decke seines geräumigen Wohnzimmers an, während Mama nebenan auf einer fossilen Nähmaschine Kleider säumt. **Orlando González Valdés,** *Corrales 683, zw. Carmen und Figura, Habana Vieja, Tel. 0053-5/270 16 71.*

Danza y Movimiento
Tel. 040/34 03 28, www.danzaymovimiento.de.
Danza y Movimiento war vor 15 Jahren der erste deutsche Anbieter von individuellen Tanzkursen in Kuba. Die Kurse mit Tanzlehrerin **Caruca Caridad Rodriguez** dauern zwei Stunden pro Tag in verschiedenen Kulturzentren der Altstadt. Caruca leitet auch das TV-Ballett und unterrichtet auf Spanisch, was kein Nachteil ist: Auch wer kein Wort Spanisch spricht, versteht Carucas energische Gestik. Kombinierbar mit Trommel- und Spanischunterricht. Unterbringung auch in Privatunterkünften. Danza y Movimiento organisiert auch Reisen (mindestens 14 Tage) zum internationalen **Salsafestival „Baila en Cuba"** in Havanna jeweils im November.

Erlebe Reisen
Tel. 07123/27 93 03-0, www.salsa-tanzreisen.de.
Der Unterricht findet an sieben Tagen der Woche zwei Stunden täglich in der **Escuela de Baile y Percusión „René Alvarez"** statt, einem Kolonialbau in der Altstadt, benannt nach dem großen Bolero-Sänger Kubas. Der Schwerpunkt liegt beim Movimiento-Unterricht, weil „Kubanern der Sex-Appeal beim Tanz im Blut liegt, den Europäern aber nicht", sagt Veranstalter **Patric Paris**.

Tanzreisen víaDanza
Tel. 0711/48 90 70 03, www.viadanza.de.
Gruppenreisen nach Havanna. Unterricht vormittags zwei bis drei Stunden, mit Dolmetscher, jeder Teilnehmer tanzt mit einem kubanischen Partner. Zum Rahmenprogramm gehören Rhythmus- und Taktschulung und Besuche von Salsakonzerten in Havannas Tanzschuppen.

TANZCLUBS

Café Cantante mi Habana
im Teatro Nacional, Paseo und Calle 39, an der Plaza de la Revolución, Tel. 0053-7/878 42 73.
Gute Adresse zum Abtanzen. Täglich 17–23 Uhr oder 23–6 Uhr.

Casa de la Música de Galiano
Galiano, zw. Neptuno und Concordia, Centro Habana, Tel. 0053-7/862 41 65. Groß, laut, viel Platz zum Tanzen. Täglich Live-Musik 16–23 Uhr oder 23–3 Uhr.

Casa de la Música de Miramar
Calle 20, Ecke Calle 35, Miramar, Tel. 0053-7/202 61 47. Hier spielen Kubas beste Bands, Eintritt teuer: Matinee 4–8 €, am Abend bis zu 16 €. Täglich Live-Musik 16–23 Uhr oder 23–3 Uhr.

El Chévere
Club Almendares, Calle 49C, Ecke Calle 28A, Kohly, Tel. 0053-7/204 49 90. Freiluftdisco am Fluss Almendares, Mi Matinee, 18–23 Uhr Live-Musik. Günstiger Eintritt (2,50 €), deshalb sind hier Kubaner zu treffen.

Los Jardines del 1830
Calle Calzada, Ecke Calle 20, Vedado, Tel. 0053-7/838 30 91. Freiluftlokal. Do und So Matinee mit der Band Moncada, 18–23 Uhr. ■

__Uschi Entenmann,__ 46, kennt Kuba seit Anfang der 1990er Jahre, als sie für zwei Jahre Korrespondentin der Agentur „Zeitenspiegel" in Havanna war.

Fußgängerzone
Touristeninformation
Hotels
GEO-Special-Sehenswürdigkeiten
Castillo »El Morro«
CASABLANCA
Caleta de San Lázaro
Túnel de la Bahía
Fortaleza de San Carlos de la Cabaña
Castillo de San Salvador de la Punta
Canal de Entrada
Máximo Gómez
Christus-Statue
Malecón
San Lázaro
Paseo de Martí (Prado)
Plaza 13 de Marzo
Hostal San Miguel
Ave. del Puerto
Parque Luz Caballero
Museo de la Revolución
Memorial Granma
Catedral de San Cristóbal
Plaza de la Catedral
Bodeguita del Medio
Castillo de la Real Fuerza
Palacio de los Capitanes Generales
Plaza de Armas
Hotel Sevilla, Restaurant Roof Garden
Museo Nacional de Bellas Artes (Cubano)
Bahía de Habana
Hotel Ambos Mundos
Taberna del Galeón
Hotel Florida
Maqueta de la Habana
Casa de la Música de Galiano
Hotel Parque Central
Hotel Inglaterra
Parque Central
El Floridita
Conde de Villanueva
Cruise Terminal
Plaza de San Francisco
Gran Teatro
Museo Nacional de Bellas Artes (Universal)
Hotel Raquel
Plaza del Cristo
Plaza Vieja
Capitolio
Fábrica de Tabacos Partagás
HABANA VIEJA
Fähre Muelle Luz
Hotel Saratoga
Parque de la Fraternidad
Fuente de la India
Ave. Bolívar (Reina)
Máximo Gómez (Monte)
Geburtshaus José Martí
Bahnhof
Desamparados
San Pedro
0 100 200 m
GEO-Grafik

Entfernungstabelle in Kilometern

Pinar del Río	Havanna	Matanzas	Cienfuegos	Santa Clara	Sancti Spíritus	Ciego de Ávila	Camagüey	Las Tunas	Holguín	Bayamo	Santiago de Cuba	
162												
267	105											
416	254	194										
438	276	217	67									
516	354	294	151	83								
588	426	366	222	155	76							
696	534	474	330	263	184	108						
824	662	602	458	391	312	236	128					
905	743	683	539	472	393	317	209	81				
1017	841	741	611	543	457	382	273	139	71			
1023	861	801	657	590	511	435	327	199	138	177		
1067	905	845	701	634	555	479	371	243	182	161	84	Guantánamo

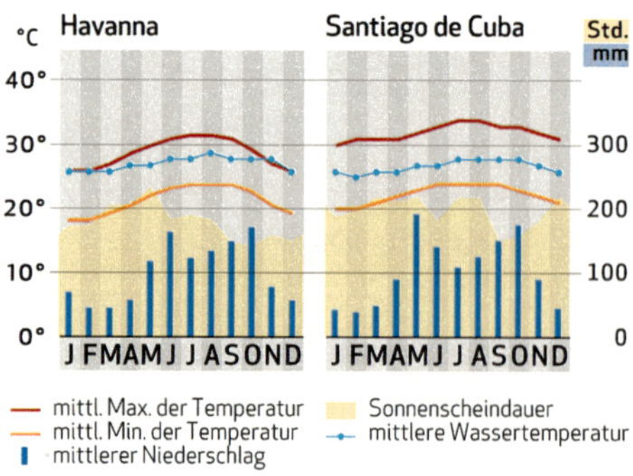

Viñales • unter 10000 Einwohner
Baracoa ● 10000 bis 50000 Einw.
Morón ○ 50000 bis 100000 Einw.
Santa Clara □ 100000 bis 400000 Einw.
Havanna ■ über 400000 Einwohner

Autobahn
Hauptstraße
sonstige Straße
Bahn
Nationalpark (Parque Nacional, P. N.)
Internationaler Flughafen

Strände ab Seite 138
1 *Cayo Coco*
2 *Cayo Guillermo*
3 *Cayo Santa María*
4 *Cayo Ensenachos*
5 *Playa Yaraguanal*
6 *Cayo Largo*
7 *Varadero*
8 *Nationalpark Hicacos*
9 *Playas del Este*
10 *Maguana*

Fidel Castro als Reiseführer ab Seite 140
1 *Finca Manacas*
2 *Universidad de La Habana*
3 *Moncada-Kaserne*
4 *Museo Presidio Modelo*
5 *Granma-Landestelle*
6 *Comandancia de la Plata*
7 *Santa Clara*
8 *Museo de la Revolución*

Zigarren ab Seite 144
1 *Vuelta Abajo*
2 *Candelaria*
3 *San Luís*
4 *Marcelo Montesini*
5 *Viñales*
6 *Sierra de los Órganos*

Casas Particulares ab Seite 62
1 *Hostal La Estancia*
2 *Casa de Chino*
3 *Casa de Manuel Barios*
4 *Casa de Emilio*
5 *Hostal Florida*
6 *Casa de Gisela*
7 *Casa de Martha*
8 *La Casona de Calzada*
9 *Casa Fidel Carlos Álvarez*
10 *Casa Leyane López Hernández*
11 *Hospedaje*
12 *Hostal Casa Mauri*
13 *Hostal La Casona Cueto*
14 *Hostal Vitral*
15 *La Casa de Los Amigos*
16 *Villa Virginia*

GEO-Reisecommunity.de
MITMACHEN. ENTDECKEN. PLANEN.

IHR FOTO IN GEO SPECIAL

KUBA IST EIN TRAUM FÜR BILDERSAMMLER mit seinen von karibischem Licht durchfluteten Kulissen. Eine Bühne, der in naher Zukunft ein Umbau bevorstehen könnte. Man muss das alles noch einmal gesehen und fotografiert haben, und genau das haben Sie für uns getan: 1099 für den Wettbewerb eingereichte Fotos schmücken nun unsere Community auf *www.geo-reisecommunity.de*. Die GEO-Bildredaktion hat in dieser großen Auswahl fünf Siegerfotos gefunden. Auch diese: ein Traum. Nicht nur für Bildersammler

Cornelius Senf, »querfeldein«

Herr Senf, haben Sie lange nach den perfekten Zutaten für Ihr symbolisches Foto gesucht?
Oh nein, der junge Mann ist mir sofort aufgefallen. Wie er aufs Meer schaut! Vermutlich will er mit Freunden baden gehen. Hinter ihm hat vor Stunden eines der vielen Feste stattgefunden, die Havannas Hafenpromenade im Sommer beleben. Buden und Tische waren schon fast abgebaut, der Malecón lag nur noch nackt und ziemlich trist da. Ist das nicht das Grundmotiv des Landes? Vergangenes trifft auf Hoffnung und Lebenslust. Nur auf Kuba erlebt man beides so intensiv. Und genau das war meine Intention – die Stimmung eines möglichen Wandels einzufangen.

Was war Ihnen noch wichtig?
Bei diesem Bild vor allem die Aufteilung. Ich habe versucht, zwei Ebenen und damit das Zwiespältige an Kuba einzufangen. Im Vordergrund: der Malecón und die fast demontierte Bude. Im Hintergrund dann das offene Meer, das den Blick des Mannes in die Ferne zieht. Vor allem aber wollte ich nicht mit den typischen Klischeebildern nach Hause kommen, den schon zu oft gesehenen Perspektiven von Havanna. Ich war auf Situationen aus, die eine wirklich aktuelle Momentaufnahme der Insel sind.

In der Reisecommunity haben Sie nur handverlesene Bilder veröffentlicht. Warum?
Ich habe überhaupt nur sehr wenige von meinem Kuba-Urlaub mitgebracht. Ein fester Vorsatz, denn vergangenes Jahr hat mich eine Freundin für die analoge Fotografie begeistert. Und mit diesem Fotowettbewerb wäre bewiesen: Weniger ist oft mehr.

▲ Nostalgie

Dieser Chevrolet 3100 Pick-up hat schon fast sechs Jahrzehnte überdauert und wird immer derartig auf Hochglanz poliert, dass sich die Spätnachmittagssonne in seinem Lack spiegeln kann. Vermutlich ein Erbstück, in dem von Bananenstauden über die ganze Familie schon alles transportiert worden ist. Aufgenommen habe ich das Bild in Havanna mit einer analogen Voigtländer Bessa, 15 mm Super Wide Heliar. ***Thomas Lanz, »Paladar«***

Natur ▼

Wir haben uns ganz spontan einen Mietwagen genommen und sind losgefahren: 170 Kilometer von Havanna bis zum geologisch ältesten Teil der Insel. „Elefantenbuckel" werden die Kalksteinmonolithen des Viñales-Tals von den Einheimischen genannt. Eine der wohl ausgefallensten und schönsten Landschaften Kubas. Und angeblich auch der Boden für den besten Tabak der Welt. ***Jana Romeyke, »Jane«***

▼ Erfindungsreichtum

Mich zog es wegen der Farbenpracht nach Kuba. Die Szene, die ich dann einfangen konnte, erinnert mich an meine Jugend. Als auch wir einfallsreich sein mussten. ***Bernd Zillich, »bzmch«***

▲ Bröckelnde Paläste

Es war unser letzter Tag auf der Insel, und ich nutzte einen Augenblick beim Frühstück, um das erwachende Havanna zu fotografieren. Von der Dachterrasse unseres Hotels aus, unweit vom Prado. Alles lag im weichen Licht. ***Elke Heynert, »doubleegg«***

Machen auch Sie Ihr Foto zum Sieger

Das nächste GEO Special lädt nach Schweden ein. Was haben Sie dort gesehen und erlebt? Lassen Sie uns mit Ihren Augen sehen, und präsentieren Sie auf **www.geo-reisecommunity.de/wettbewerb/geo-special** bis 26. Februar 2009 Ihre persönlichen Eindrücke. Wir freuen uns darauf.

LESERBRIEFE

GEO Special Magische Orte (06/08)

Es ist wunderbar, in GEO einen Text über unseren Ort samt supertollem Foto der Linde zu finden. Die Pucher sind begeistert. In einigen Geschäften ist GEO Special bereits ausverkauft.

— EDIGNA KELLERMANN

GEO Special Namibia (05/08)

Es macht immer wieder Spaß, in Ihrem Heft zu „stöbern" und sich vorzustellen, man wäre selbst vor Ort. Da ich drei Jahre in Swakopmund gewohnt habe, ist es mir allerdings nicht entgangen, dass es sich bei dem Foto auf Seite 55 um eine Aufnahme aus Swakopmund und nicht aus Windhoek handelt.

— CAROLIN HANKEN

Die Leserin hat recht. Wir bedauern den Fehler. *Die Redaktion*

GEO Special Australien (04/05)

Bereits vor zwei Jahren habe ich nach einem elfmonatigen Work-&-Travel-Aufenthalt in Australien das entsprechende GEO Special in die Hände bekommen. Auch wenn es schon lange her ist, wollte ich Ihnen endlich ein riesiges Lob aussprechen: Dieses Heft ist das bis jetzt Beste, was ich über Australien gelesen habe. Bei ziemlich jedem Artikel habe ich gedacht „Ja, genau. So habe ich das auch erlebt." Ich bin begeistert. Machen Sie weiter so!

— SILKE BADEWIEN

Themenwunsch

Ich bin ein treuer Leser der GEO Specials. Allerdings finde ich es bedauerlich, dass bisher keine Hefte über Länder wie Tschechien, Slowakei oder Slowenien erschienen sind. Ich weiß aus eigener Urlaubserfahrung, dass es über diese Gegenden viel zu berichten gäbe.

— HERMANN VALTLBAUER

Wir haben eine gute Nachricht: Ein GEO Special über Tschechien wird am 5. August 2009 erscheinen.

Die Redaktion

GEO Special

Gruner + Jahr AG & Co KG, Druck- und Verlagshaus, Am Baumwall 11, 20459 Hamburg.
Postanschrift für Verlag und Redaktion: 20444 Hamburg, Telefon 040/37 03-0, Telefax 040/37 03 56 48. E-Mail: briefe@geo.de; Internet: www.GEO.de

CHEFREDAKTEUR: Peter-Matthias Gaede
STELLVERTRETENDER CHEFREDAKTEUR: Dr. Christoph Kucklick
GESCHÄFTSFÜHRENDE REDAKTEURE: Meike Kirsch (Text), Ruth Eichhorn (Fotografie), Jutta Krüger (Art Direction)
ART DIRECTOR: Beate Meding
TEXTREDAKTION: Jürgen Schaefer (Heftkonzept); Kirsten Bertrand, Stefan Schirmer, Markus Wolff
BILDREDAKTION: Bernd Dinkel
VERIFIKATION: Tobias Hamelmann (freie Mitarbeit), Andrea-Rebecca Flörke
KARTOGRAPHIE: Stefanie Peters
SEKRETARIAT: Maren Heidorn, Dörte Nohrden, Elke Rehländer-Stöhr, Hella Strepp
HONORARE/SPESEN: Angelika Györffy
SCHLUSSREDAKTION: Antje Wischow; Brigitte Gajser, Dirk Krömer, Jan Pust, Karola Schulte, Ralf Schulte, Hinnerk Seelhoff (Ltg.)
TECHNISCHER CHEF VOM DIENST: Rainer Droste
MITARBEITER DIESER AUSGABE: Dr. Susmita Arp, Barbara Baumgartner, Maik Brandenburg, Uschi Entenmann, Uwe Fischer (Layout), Dr. Bert Hoffmann, Ignacio Jarillo, Jørgen Kube (Bildredaktion), Ruedi Leuthold, Roland Schulz, Antje Stiebitz, Marion Strutz, Patrick Symmes, Merten Worthmann
BILDADMINISTRATION UND -TECHNIK: Stefan Bruhn
VERANTWORTLICH FÜR DEN REDAKTIONELLEN INHALT: Peter-Matthias Gaede

REDAKTIONSBÜRO NEW YORK: Nadja Masri (Leitung), Tina Ahrens, Christof Kalt (Assistenz) 535 Fifth Avenue, 29th fl., New York, NY 10017 Tel. 001/646-884 71 20, Fax 001/646-884 71 11, E-Mail: geo@geo-ny.com

VERLAGSLEITUNG: Dr. Gerd Brüne, Thomas Lindner
ANZEIGENLEITER: Lars Niemann
VERTRIEBSLEITER: Torsten König/DPV Deutscher Pressevertrieb
MARKETING: Julia Duden (Ltg.), Patricia Korrell
HERSTELLER: Oliver Fehling

ANZEIGENABTEILUNG
Anzeigenverkauf: Jens Hildebrand, Tel. 040/37 03 29 32, Fax 040/37 03 17 29 32, Korinna Koschek, Tel. 040/37 03 22 48, Fax 040/37 03 17 22 48
Anzeigendisposition: Marco Schütze, Tel. 040/37 03 23 27, Fax 040/37 03 58 87
Es gilt die Anzeigenpreisliste Nr. 36 vom 1. Januar 2009
Bankverbindung: Deutsche Bank AG Hamburg, Konto 0322800, BLZ 200 700 00
Druck: Prinovis Itzehoe GmbH & Co KG

GEO ist auf Papier gedruckt, das aus einem Drittel – ausschließlich chlorfrei gebleichtem – Zellstoff, aus einem Drittel Durchforstungsholz und einem Drittel Altpapier hergestellt ist. Printed in Germany

GEO Special (USPS no 0014523) is published Bi-monthly by GRUNER + JAHR AG & CO. Subscription price for USA is $ 60 per annum. K.O.P.: German Language Pub., 153 S Dean St, Englewood NJ 07631. Periodicals Postage is paid at Englewood NJ 07631 and additional mailing offices. Postmaster: Send Address changes to: GEO Special, GLP, PO Box 9868, Englewood NJ 07631.

GEO-SPECIAL-LESERSERVICE

Fragen an die Redaktion

Telefon: 040/37 03 20 73, Telefax: 040/37 03 56 48, E-Mail: briefe@geo.de

ABONNEMENT- UND EINZELHEFTBESTELLUNG

Abonnement Deutschland, Heftpreis im Abonnement: 6,95 €

■ *Bestellungen:* DPV Deutscher Pressevertrieb, GEO-Kundenservice, 20080 Hamburg, Telefon: 01805/861 80 01*
■ *Kundenservice allgemein* (persönlich erreichbar) Mo bis Fr 7.30 bis 20.00 Uhr, Sa 9.00 bis 14.00 Uhr Telefon: 01805/861 80 01*, Telefax: 01805/861 80 02* 24-Std.-Online-Kundenservice: www.MeinAbo.de/service

Abonnement Österreich, Heftpreis im Abonnement: 8,10 €

■ *GEO-Special-Abonnentenservice*, Postfach 5, 6960 Wolfurt, Telefon: 0820 / 00 10 85, Telefax: 0820 / 00 10 86 E-Mail: geo-special@abo-service.at

Abonnement Schweiz, Heftpreis im Abonnement: 13,60 sfr.

■ *GEO-Special-Leserservice*, Postfach, 6002 Luzern Telefon: 041/329 22 20, Telefax: 041/329 22 04 E-Mail: geo-special@leserservice.ch

Abonnement übriges Ausland, Heftpreis im Abonnement auf Anfrage

■ *GEO-Special-Kundenservice*, Postfach, CH-6002 Luzern; Telefon: 041/329 22 20, Telefax: 041/329 22 04 E-Mail: geo-special@leserservice.ch

BESTELLADRESSEN FÜR GEO-BÜCHER, GEO-KALENDER, SCHUBER ETC.

Deutschland

■ *GEO-Versand-Service*, Werner-Haas-Straße 5, 74172 Neckarsulm, Telefon: 01805/06 20 00*, Telefax: 01805/08 20 00* E-Mail: service@guj.com

Schweiz

■ *GEO-Versand-Service 50/001*, Postfach 1002, CH-1240 Genf 42

Österreich

■ *GEO-Versand-Service 50/001*, Postfach 5000, A-1150 Wien

Bestellungen per Telefon und Fax für alle Länder

Telefon: 0049/1805-06 20 00, Telefax: 0049/1805-08 20 00 E-Mail: service@guj.com

ISBN 978-3-570-19864-3 ISSN 0723-5194

*14 Cent/Min. aus dem deutschen Festnetz, Mobilfunkpreise können abweichen

Fotovermerke nach Seiten. *Anordnung im Layout: l. = links, r.= rechts, o. = oben, m. = Mitte, u. = unten*

TITEL: Giancarlo Ceraudo/GraziaNeri/Agentur Focus

SEITE 3: Sven Creutzmann: o.; Mauro D'Agati/Agentur Focus: l. u.; Mauro D'Agati/Agentur Focus: (Montage für GEO) r. u.

SEITE 4: Andrew Moore: l. o.; Sven Creutzmann: r. o.; Mauro D'Agati/Agentur Focus: m.; Richard Ross/Getty Images: l. u.; Michel Roggo/roggo.ch: r. u.

SEITE 5: Sven Creutzmann: l. o.; Holly Wilmeth/ Aurora: r. o.; Lake County Museum/CORBIS: r. m. o.; dpa/picture-alliance: r. m. u.; Giancarlo Ceraudo/GraziaNeri/ Agentur Focus r. u.

KOMPASS: Lorenzo Moscia: 6/7; www.locostyle.com: 7 o.; Mauro D'Agati/Agentur Focus: 8 l. o.; Getty Images: 8 m. o.; Sven Creutzmann: 8 r. o.; Hackenberg/KPA/ picture-alliance: 8 l. m.; Steen Larsen/Getty Images: 8 r. m.; Jürgen Schäfer: 8 l. u.; Giancarlo Ceraudo/ Grazia Neri/Agentur Focus: 8 r. u.; www.leatherman.de: 10 l. o., Andrew Moore: 10 r. o.; www.petzl.de: 10 l. m. o.; GEO: 10 l. m. u.; www.philippi-design.de: 10 l. u.; Manuela Kirschner/WaterFrame: 11 o.; Getty Images: 11 m.; Sven Creutzmann: 11 u.; Illustrationen: www.illuteam43.de: 12

DAS WAHRE KUBA: Sven Creutzmann für GEO Special: 14–35

ILLEGAL IST ÜBERALL: Holly Wilmeth/Aurora: 36–41

HAVANNA: Sven Creutzmann für GEO Special: 42–57

ZUCKER – EIN SÜSSES VERHÄNGNIS: Illustration aus Koehler 1887 / http://caliban.mpiz-koeln.mpg.de: 58, 59 o.; akg-images: 59 u.; University of Miami Libraries/ Cuban Heritage Collection/The Cuban Postcard Collection: 60 o.; akg-images: 60 u.; Keystone: 61 l. o.; Adalberto Roque/AFP/Getty Images: 61 r. o.; Sven Creutzmann: 61 u.

ZIMMER MIT EINBLICK: Andrew Moore für GEO Special: 62–69

DIE SCHATTENMÄNNER: Illustrationen: Andreas Gefe für GEO Special: 70–75

WELTMACHT AUS DEM HINTERHOF: Mauro D'Agati/ Agentur Focus für GEO Special: 76–81

GRÜN AUS VERSEHEN: Baldomero Fernandez: 82/83; Michel Roggo/roggo.ch: 84/85, 87 r. o., 87 u. (2), 90/91, 92 u., 94 u., 95, 96 u. (2); Ripani Massimo/Bildagentur Huber: 86; David Doubilet: 87 l. o., 87 r. m., 92 o.; WaterFrame: 87 l. m. (2); Richard Ross/Getty Images: 88/89; Robert Harding/Getty Images: 93; Jeff Schmaltz/ MODIS Rapid Response Team/NASA/GSFC: 94 o.

RHYTHMUS-REVOLUTION: Mauro D'Agati/Agentur Focus für GEO Special: 98–104

DAS GEWICHT DES GLAUBENS: Pep Bonet/Noor: 106–115

VISIONEN FÜR DIE ZEIT NACH CASTRO: Kolle Rebbe: 118–121

DOSSIER: Armando García Mendocal, „No quiero ir al cielo" aus dem Jahr 1930/Museo Nacional de Bellas Artes/Photo: Rodolfo Martínez: 123; culture-images/ GP: 124 o.; Corbis: 124 m.; bridgemanart.com: 124 u.; dpa/picture-alliance: 125 o.; „The NewYorkTimes"/ Redux/laif: 125 m. r.; akg-images: 125 u.; picture-alliance/dpa: 126; Jose Goitia/ Gamma/Eyedea Presse/ laif: 127 o.; Lorenzo Moscia: 127 u.; Stephan Zaubitzer/ picturetank: 128; Romulo Sans 129 o. (4); Ruiz Pedro/ Hachette/Gamma/laif: 129 u.; Tomas van Houtryve/ panos pictures/visum-images: 130; Javier Galeano/ AP Photo: 131 o.; Ho New/Reuters: 131 u.

SERVICE: Espen Eichhöfer/Ostkreuz: 132; Andreas Lander/dpa-Report/picture-alliance: 133; Baldomero Fernandez: 134, 135 l. u.; www.moon.com: 135 o.; www.unionsverlag.com: 135 m. o.; www.hoffmann-und-campe.de: 135 m.; www.kunstmann.de: 135 m. u.; www.luchterhand.de: r. u.; Sven Creutzmann: 136/137; Martin Engelmann/Alimdi.net: 138; René Burri/ Magnum Photos/Agentur Focus: 139, Yousef Karsh/ Camera Press/Picture Press: 140 o.; Kimberly White/ Reuters: 140/141 u.; Sven Creutzmann: 141 o.; Angelo Cavalli/Avenue Images: 141 m.; akg-images: 142 o.; Arnulf Hettrich/Fnoxx.de: 142 u.; Alastor Photo/Jupiterimages: 144; www.rolf-schulten.de: 145; Ingolf Pompe/ Look: 146

GEO-REISECOMMUNITY: Cornelius Senf: 150 (2); Thomas Lanz: 151 l. o. und m. l. o.; Jana Romeyke: 151 r. o. und m. r. o.; Elke Heynert: 151 m. l. u. und l. u.; Bernd Zillich: 151 m. r. u. und r. u.

VORSCHAU: Peter Rosén: 153 o.; Elin Berge/Moment/ Agentur Focus: 153 l. u.; Andreas Teichmann/laif: 153 r. u.

INTERVIEW: Maik Brandenburg: 154

KARTEN: Stefanie Peters: 25, 57, 69, 96, 115, 139, 140, 144, 148/149; Christian Kuhlmann und Stefanie Peters: 147

SCHWEDEN

MEIN FERIENHAUS, MEIN GLÜCK: Liebeserklärungen an die schwedische Sommerfrische. **IN SCHÖNHEIT STERBEN:** Warum sind nordische Krimis so überaus erfolgreich? Erstaunliche Innenansichten von Bestsellerautor Håkan Nesser. **STOCKHOLM ERLEBEN:** Inselhopping in der Metropole. **WER IM NORDEN VORNE IST:** Junge Kreative im Porträt. **DER »MEDEL-SVENSSON«:** So lebt der Durchschnittsschwede. **SCHWEDEN ROYAL:** Hinter den Kulissen des Königshauses. **EIN LEBEN IM UMBRUCH:** Ihre Vorfahren waren noch Rentierzüchter – welche Zukunft hat die Samin Marja-Kari? **FALUNROT:** Warum eine Farbe das Land prägt. **ALLES IM FLUSS:** Ein Floß, fünf Urlauber und viele Hindernisse. **IMMER DER SEHNSUCHT NACH:** Auf dem Fernwanderweg durch Lappland.

Berauschender Fernblick: Sarek-Nationalpark. Stolzer Anblick: Samen in traditioneller Tracht. Guter Ausblick: vom Rathaus über Stockholm

▶ DIE ZULETZT ERSCHIENENEN AUSGABEN:

4/2008

5/2008

6/2008

▶ DIE FOLGENDEN AUSGABEN:

- Berlin
- Tschechien
- Neuseeland

DAS **GEO SPECIAL SCHWEDEN**
ERSCHEINT AM 1. APRIL 2009

Wie lebt es sich eigentlich als …

… Doppelgänger von Ché Guevara?

Ramón Díaz, 36, ist Maler und lebt in Havanna. Er gleicht dem legendären Comandante der Revolution so sehr, dass sogar Kubaner manchmal erschrecken

Sind Sie stolz darauf, wie Ché Guevara auszusehen?
Ich bin nicht wie Ché. Niemand auf Kuba darf sich mit Ché gleichsetzen. Er ist wie Gott, unerreichbar.
Aber Sie ähneln ihm doch sehr …
Ja, das höre ich häufiger. Aber ehrlich, ich habe mir den Bart und die Haare nicht extra wachsen lassen; ich trug sie schon als Teenager so. Auch das Barett habe ich mir früh zugelegt – ohne Hintergedanken. Dann fuhr ich einmal im Bus, und mir gegenüber saß ein alter Mann. Der rief plötzlich: „Um Himmels willen, du bist ja der Comandante!“ Der Alte hatte mit Ché in Santa Clara gekämpft. Ich war ganz schön geschockt. Aber auch ein wenig gerührt.
Vielleicht sind Sie ein unbekannter Sohn des Revolutionärs? Ein Frauenheld soll er immerhin gewesen sein.
Das geht nicht, rechnen Sie doch nach. Ich bin 1972 geboren, da war Ché schon fünf Jahre tot.
Sie haben also außer dem Äußeren gar nichts mit ihm gemein?
Na ja, Glück bei den Frauen habe ich auch. Ich rauche gern Zigarren. Sogar Asthma hatte ich als Kind, Ché litt ja ebenso darunter. Ich würde mich auch als Krieger bezeichnen, als Lebenskrieger. Eine Schusswaffe aber habe ich noch nie angefasst. In meiner Armeezeit musste ich Zuckerrohr schlagen. Ach, außerdem kann ich nicht mit Geld umgehen. Das lief ja beim Comandante ebenfalls nicht so gut.
Verdienen Sie viel Geld als Doppelgänger?
Wo denken Sie hin, das ist nicht mein Geschäft! Ich setze mich doch nicht auf die Straße, um mir mit einer so billigen Nummer jemanden zu angeln. Manchmal allerdings spricht mich ein Ausländer an, um sich mit mir fotografieren zu lassen. Wenn er mir dann ein kleines Geschenk aus amerikanischem Papier gibt, sage ich natürlich nicht Nein. Nur erwischen darf man mich nicht, ich habe ja keine Lizenz für so etwas.
Warum malen Sie fast nur Ché-Porträts?
Er gelingt mir eben am besten. Außerdem komme ich aus Las Tunas, dort in den Bergen hat Ché gekämpft.
Mögen Sie Ché?
Seine Werte gefallen mir. Er war normal, bescheiden, er konnte mit jedem gut. Er hatte ein großes Herz. Aber ich will keine Weltrevolution so wie er. Mein Traum wäre schon mit einer Ausstellung in Europa erfüllt. Und dann nicht nur mit Ché-Porträts. Schließlich male ich auch tolle Landschaften.
Und die Errungenschaften des Sozialismus?
Soll ich Ruinen malen? Oder leere Läden? Doch, eine Errungenschaft habe ich gemalt. Das war ein Mädchen auf dem Schoß eines Touristen. Ihr Kopf war eine Kasse, ihr Unterleib bestand aus Dollarnoten. Man hat mir klar gesagt, ich solle damit aufhören. Also male ich keine Errungenschaften mehr.
Falls Sie Ché leibhaftig begegneten, was würden Sie ihn fragen?
Gefällt dir Kuba, wie es heute ist?

DIE FRAGEN STELLTE MAIK BRANDENBURG

Kein Selbstporträt des Künstlers: Ramón Díaz malte Ché Guevara. Eine Lizenz als Maler hat er nicht, er nennt sich »Selbstunternehmer«